Kerstin Diacont

Den Trab richtig reiten

Die **Gangarten**

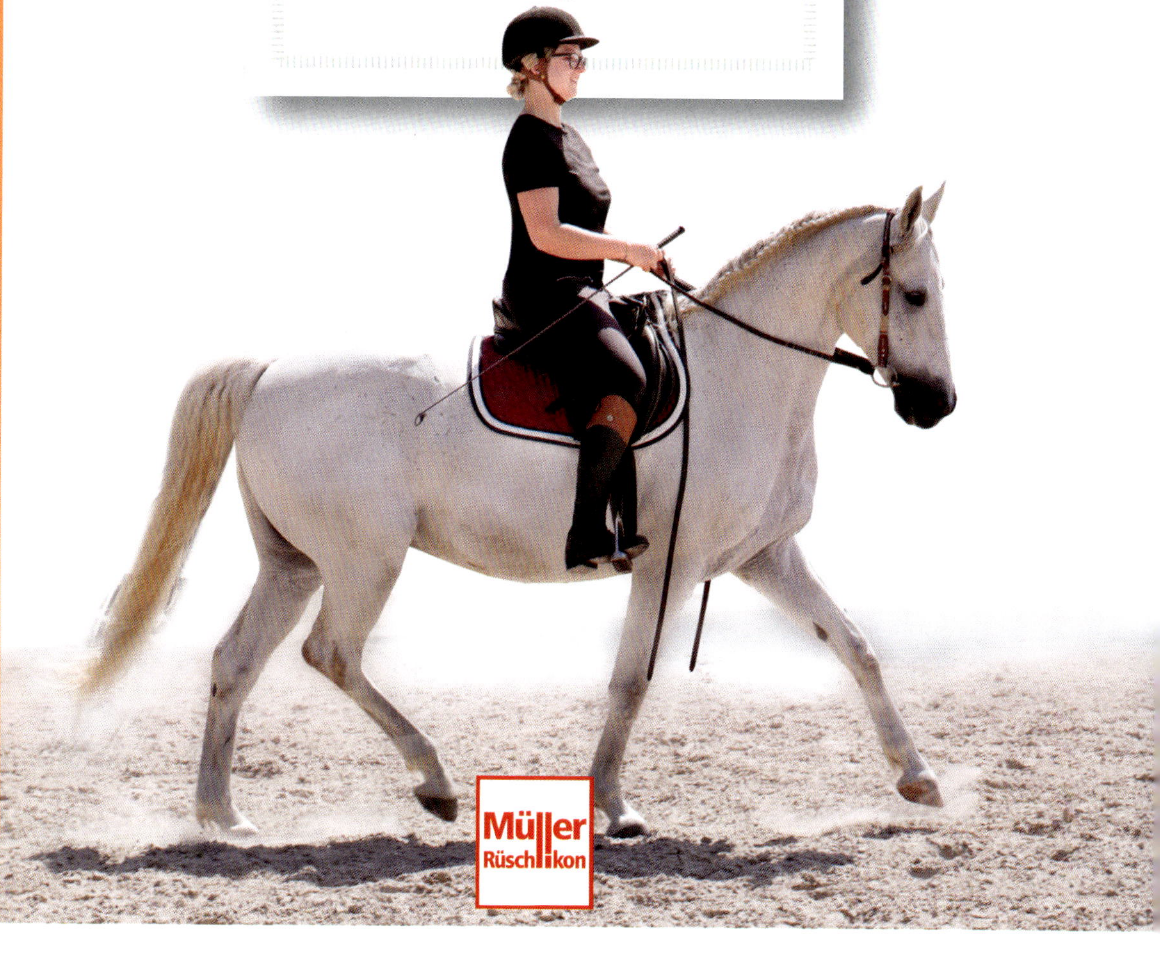

Müller Rüschlikon

IMPRESSUM

Einbandgestaltung: R2 I Ravenstein, Verden

Bildnachweis
Titelbild: Kerstin Diacont
Fotos Archiv Diacont mit Dank an die Fotograf:innen: Isabell Deutschbein: S. 55 · Jessica Dörsam: S. 62, 67 unten · Julia Hielscher: S. 10, 52, 63 re unten, 66 re, 74, 76 unten, 78, 82 oben, 93, 94 · Michaela Michel: S. S 53, 63 oben, 66 li, 78 li, 91 · Andreas Peetz: S. 21, 24, 43 li, 46 · Effi Rolfs: S. 4, 9, 54 re · Anne Schwab: S. 18, 19, 43 re · Silke Stenger: S. 15, 59, 78 re · Miriam Stickler: S. 48, 56 re, 67 re oben, 75 oben · Heidrun Süßmuth: S. 6, 25, 37, 40 unten, 54 li, 68 unten · Verena Troschke: S. 13
Alle anderen Grafiken, Fotos + Bearbeitungen: Kerstin Diacont

ISBN 978-3-275-02241-0

Postfach 103743, 70032 Stuttgart
Ein Unternehmen der Paul Pietsch Verlage GmbH & Co. KG

1. Auflage 2022

Sie finden uns im Internet unter www.mueller-rueschlikon-verlag.de

Lektorat: Claudia König
Innengestaltung: Kerstin Diacont
Druck und Bindung: Appel & Klinger, 96277 Schneckenlohe
Printed in Germany

INHALT

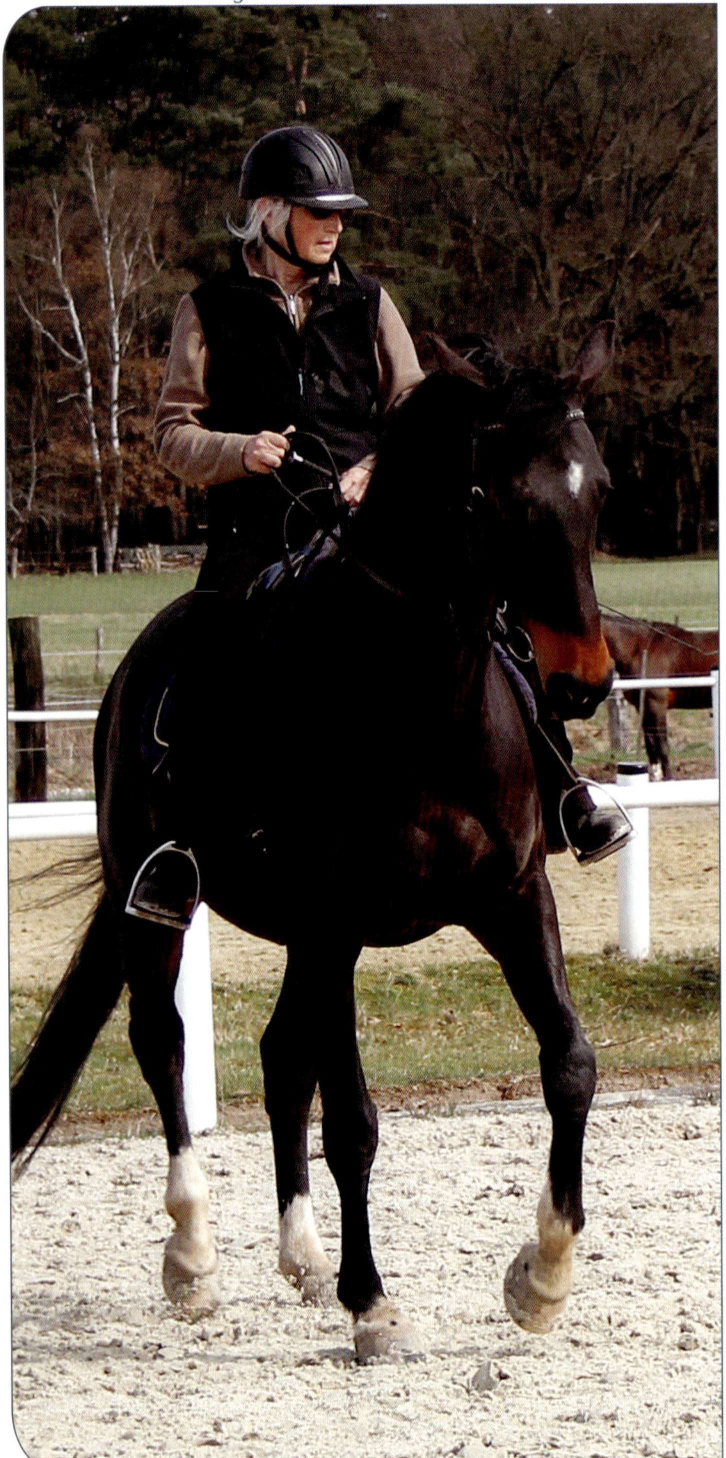

Im zweiten Buch in der Gangartenreihe will ich den Trab näher beleuchten – hinsichtlich seiner Vorteile für die gymnastizierende Arbeit und seines Anspruchs an die korrekte Haltung von Reiter und Pferd. Als deutlich schwungvollere Gangart im Vergleich zum Schritt, stellt der Trab höhere Anforderungen an Stabilität, Gleichgewicht und Beweglichkeit sowohl des Pferdes als auch des Reiters. Für einen schwungvollen Trab ›über den Rücken‹ braucht es zudem schon etwas Vertrauen von beiden Seiten: Der Reiter sollte seine Angst vor Kontrollverlust, und das Pferd seine Angst vor Gleichgewichtsverlust mit dem zusätzlichen Reitergewicht verloren haben.

Trab als ideale Ausbildungsgangart

Der Trab ist ein Zweitakt mit diagonaler Fußfolge und einer Schwebephase dazwischen. Der Rücken des Pferdes schwingt dabei auf und ab, dazu kommt eine leichte seitliche Schwingung.
Der Trab gilt als die ›Ausbildungsgangart schlechthin‹ um Takt, Geschmeidigkeit und Kondition zu verbessern und schließlich Durchlässigkeit und Versammlung zu erarbeiten: Er bietet mehr nutzbaren Schwung als der Schritt und ist stabiler als der Galopp, der schnell zu Gleichgewichtsverlust führen kann.
Schlüsselbegriffe im Trab sind Losgelassenheit, Gleichgewicht, Stabilität, Bewegungsfreiheit, Raumgriff, Schulterfreiheit und Schulterkontrolle sowie die Parallelität der Beinpaare.

Die Vorteile der Gangart

- Mehr ›nutzbare‹ Energie in der Bewegung, solange das Pferd prinzipiell freiwillig vorwärts geht.
- Die Möglichkeit, das Pferd über Übergänge zu gymnastizieren (Gangartenwechsel und verschiedene Tempi).
- Verbesserung von Kraft und Kondition.

Die Nachteile der Gangart

- Probleme, mit dem Schwung und der Energie umzugehen
- Gleichgewichtsprobleme von Pferd und Reiter und daraus resultierende Lenk-, Takt- und Anlehnungsprobleme: Unruhige Hand, festgehaltenes Becken durch Klemmen -> und in der Folge ein festgehaltener Pferderücken
- Angst vor Gleichgewichts- und Kontrollverlust beim Reiter
- Angst vor Gleichgewichtsverlust beim Pferd in flotterem Tempo

Die Kriterien für einen guten Trab

- Aktive Hinterhand, langsamer, geregelter Takt (auch in den Verstärkungen)
- Frei beweglicher, dabei aber stabiler Rücken des Pferdes
- Angehobene Schulter, Schulterfreiheit: frei getragener Hals, Nase vor der Senkrechten.
- Kontrollierbarkeit im Tempo, Lenkbarkeit: Das Pferd lässt Paraden durch und reagiert prompt auf treibende Hilfen.

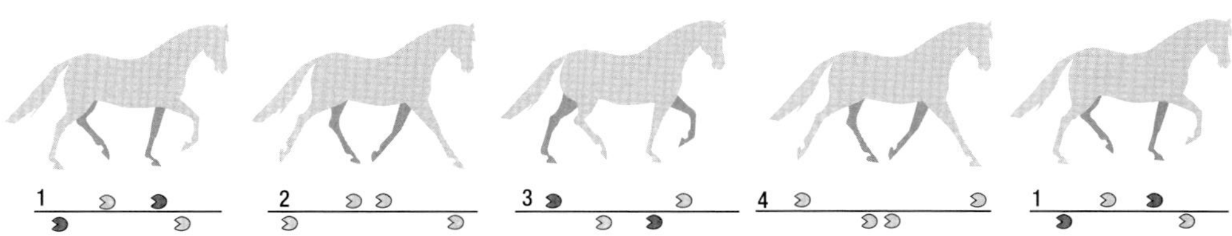

- Das Pferd lässt den Reiter bequem sitzen.
- Parallelität der Beinpaare.

Die Hauptprobleme im Trab

- Das Pferd lässt den Reiter nicht sitzen, weil es den Rücken festhält.
- Die Parallelität in den diagonalen Beinpaaren geht verloren: So entstehen sowohl falsche Verstärkungen – mit strampelndem Vorderbein und hinten verzögertem Abfußen – als auch schlaffe oder verklemmte, gebundene Bewegungen ohne Rückentätigkeit. Die Parallelität kann aufgrund von zu viel bzw. falscher Energie, aber auch von zu wenig Energie verloren gehen.
- Zu viel Energie: äußert sich in eiligem, nervösem Trippeln oder Zackeln.
  Das Pferd steckt voller nervöser Energie, die Losgelassenheit fehlt, Schulter und Rücken werden festgehalten, die Tritte verkürzen sich.
  Der Takt geht verloren.
  Es reagiert nicht auf verhaltende Hilfen und rennt der Einwirkung des Reiters davon (Flucht nach vorn).
  Es fällt auf die Schulter bzw. drückt die Schulter herunter.
  Es beugt die Gelenke nicht, was sich in einer hohen Kruppe zeigt.
  Der Unterhals ist sichtbar.
  Es versteift das Genick, verwirft sich, geht gegen die Hand oder verkriecht sich hinter dem Zügel.
- Keine oder zu wenig Energie: äußert sich in schlaffen, kraftlosen Bewegungen und nachschleppender Hinterhand.
  Das Pferd reagiert nicht auf treibende Hilfen.
  Es beugt die Gelenke nicht und tritt nicht aktiv vor.
  Der Rücken wird festgehalten oder nach unten durchgedrückt.
  Die Gelenke sind steif.

Vorwärtsreiten: Aufwecken von zu langsamen, energielosen Pferden

Um Haltung im Trab herzustellen und gut lenken zu können, brauchen wir die Bereitschaft des Pferdes, auf impulshafte Anfrage sofort vorwärtszugehen. Da Pferde von Natur aus bewegungsfreudig sind, sollte das nach den ersten Gleichgewichtsproblemen beim Anreiten immer möglich sein. Notfalls müssen sie resensibilisiert (siehe dort) werden.

Es geht jedoch nicht darum, das Pferd einfach ›vorwärts zu jagen‹. Der Takt darf nicht eiliger werden, wenn das Pferd mehr vorwärtsgeritten wird, es werden nur die Tritte verlängert (mehr Raumgriff).

Untertouriges Reiten von zu schnellen Pferden

Manche Pferde müssen im Trab ›untertourig‹ geritten werden, um ein Zuviel an Schub aus der Hinterhand zu begrenzen und die Tragkraft zu entwickeln. Andernfalls werden sie kopflastig, liegen dem Reiter ›auf der Hand‹ und suchen dort eine Stütze für ihr instabiles Gleichgewicht. Untertouriges Reiten und Versammlung sind nicht identisch. Die hohe Energie, die für korrekte Versammlung nötig ist, brauchen wir für untertouriges Reiten nicht. Doch wir brauchen eine aktive Hinterhand, eine freie Schulter und einen entspannt getragenen Hals. Das Pferd wird nicht einfach durch ›Festhalten vorne‹ langsam gemacht. Es soll den Hals nicht verkürzen (zu eng werden) und nicht ›auf der Schulter hängen‹, sondern nur die Tritte etwas verkürzen, so dass es die Gelenke mehr beugen muss.

Die zentralen Themen

Parallelität der Beinpaare im Trab

Funktionelle Bewegung ohne falsche Spannung
Die Parallelität der Beinpaare und der frei getragene Hals des Pferdes sind sowohl im Arbeitstempo als auch in den Verstärkungen und der Versammlung Kriterien für funktionelle Bewegung. Das gilt für alle Reitweisen. Die orangen Linien verdeutlichen hier die Parallelität. Wird sie zerstört, um die Vorhand spektakulärer arbeiten zu lassen, als es der natürliche Ablauf zulässt, wird die Bewegung gesundheitsschädlich. Eine Rücklage im Sitz, wie sie häufig in Verstärkungen zu sehen ist, sollte vermieden werden, denn sie bringt das Pferd dazu, die Schulter zu überlasten. Zudem ist die Rücklage immer ein Zeichen dafür, dass der Reiter nicht sitzen kann.

Trittlänge und Raumgriff in Abhängigkeit vom Tempo

In der Versammlung tritt das jeweilige Hinterbein nicht vermehrt unter den Pferdekörper, sondern sogar weniger, da sich die Trittlänge verkürzt, wie man an der unteren Zeichnung links sehen kann. Die Bewegungen werden kürzer und erhabener. Die Verweildauer der stützenden Beinpaare auf dem Boden erhöht sich allerdings in der Versammlung gegenüber dem flotten Vorwärtsreiten. In Verstärkungen werden die Tritte länger, der Takt bleibt jedoch genauso langsam wie im Arbeitstempo und wird nicht eiliger. Das Pferd zeigt

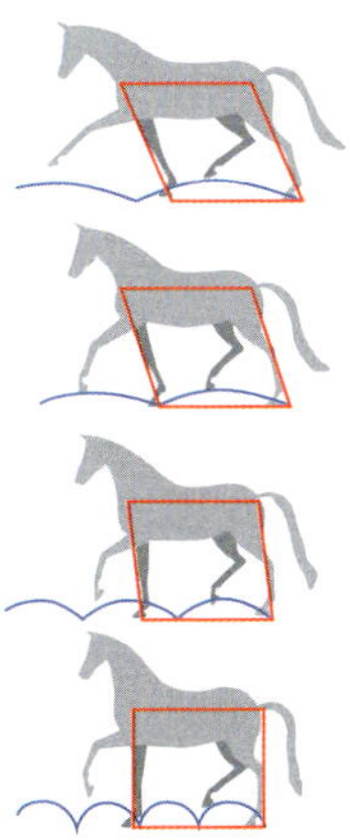

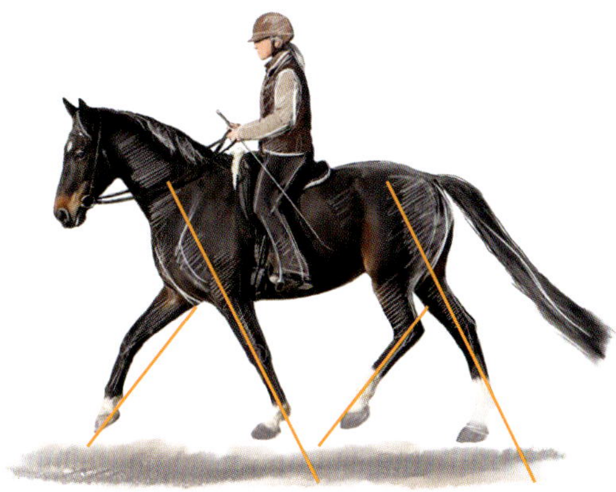

Parallelität der Beinpaare in den verschiedenen Tempi.

mehr Raumgriff. Gute Verstärkungen brauchen einen gewissen Versammlungsgrad.

Die positive Diagonale

Stimmt die Balance des Pferdes unter dem Reiter nicht (z.B. festes Genick, mangelnde Schulterfreiheit, festgehaltener Rücken, zu starke Belastung der Vorhand), so wirkt sich das auf den Takt aus und führt zu Taktfehlern. Insbesondere dem Auffußen der diagonalen Beinpaare muss in diesem Zusammenhang Aufmerksamkeit geschenkt werden. Fußt der Vorderhuf schon auf und der Hinterhuf ist noch mehr oder weniger in der Luft, so ist das Pferd auf der Vorhand. Fußt der Hinterhuf bereits auf, während der Vorderhuf noch in der Luft ist, so ist das Pferd deutlich besser ausbalanciert und arbeitet mit freier Schulter auf der Hinterhand.

Negative Diagonale: Das rechte Vorderbein ist noch am Boden, das linke Hinterbein schon in der Luft, das Pferd ist auf der Vorhand (und zudem viel zu eng im Hals).

Positive Diagonale: Das linke Hinterbein fußt hier etwas früher auf als das rechte Vorderbein. Das Pferd trägt sich selbst mit freiem Hals und Nase vor der Senkrechten.

Ausdruck, Eleganz und Präsenz

Manche Pferde ›strahlen‹. Sie bewegen sich leichtfüßig und harmonisch, fast schwerelos und lassen den Reiter bequem und still sitzen – obwohl durchaus Kraft im Spiel ist. Souveräne Präsenz des Reiters, Vertrauen und sinnvolle Energiekonzepte führen zu solchen Ideal-Bildern. Welche Konzepte hinsichtlich Haltung und Reittechnik zu einem ausdrucksvollen Trab mit minimaler Einwirkung führen, soll im Verlauf des Buches erarbeitet werden.

Schulterfreiheit, Schulterkontrolle und Selbsthaltung

Hier geht es um Kontrolle der Längsachse des Pferdes sowie der Bewegungsrichtung, ohne die Bewegungsfreiheit durch einen zu strammen

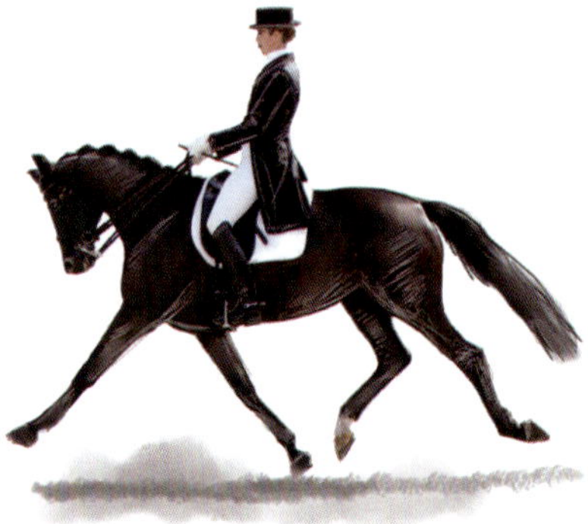

Negative Diagonale: Das rechte Vorderbein ist noch am Boden, das linke Hinterbein schon in der Luft, das Pferd ist auf der Vorhand (und zudem viel zu eng im Hals).

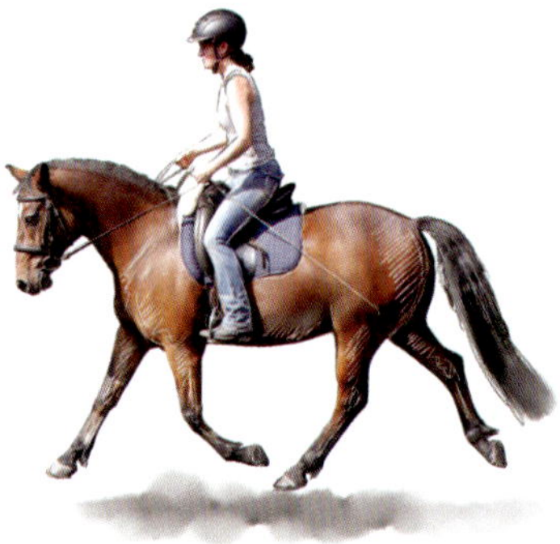

Positive Diagonale: Das linke Hinterbein fußt hier etwas früher auf als das rechte Vorderbein. Das Pferd trägt sich selbst mit freiem Hals und Nase vor der Senkrechten.

Zügel zu behindern. Die oft sichtbare negative Spannungsspirale aus Gegensitzen und Gegenhalten muss dazu durchbrochen werden. Reiter und Pferd müssen sich unabhängig voneinander in Selbsthaltung befinden, ohne sich am jeweils anderen abzustützen. Das impliziert, dass man das Pferd durchaus bisweilen aus der ›richtigen‹ Haltung ›herausfallen‹ lässt, wenn diese nur mit viel Kraftaufwand erhalten werden kann. Insbesondere bei der freien Arbeit und bei der Handarbeit besteht die Möglichkeit, das Pferd seine Haltung selbst finden zu lassen.

Deeskalation

Bei Pferden, die es ›gewohnt‹ sind, gegen die Hand zu gehen oder sich gegen die Einwirkung zu wehren und so den Reiter oft dazu animieren, zu viel mit der Hand einzuwirken, können verschiedenen Deeskalationstechniken eingesetzt werden: Eine sehr wirkungsvolle ist das Reiten mit einer Hand, auch wenn es manchmal etwas Überwindung kostet, auf den zweiten Zügel zu verzichten. Weitere sind das Wechseln zu einer milderen Zäumung und verschiedene Aufgaben, die man dem Pferd stellt, damit es von der Opposition gegen die reiterliche Einwirkung abgelenkt wird.

Ein Wort zur Ausrüstung

Sie werden in diesem Buch keine Ausführungen zu Hilfszügeln finden, weil jede Art von Hilfszügel eine feine Kommunikation verhindert. Da ich ein Verfechter des minimalistischen Prinzips bin, befindet sich am Kopf des Pferdes normalerweise eine einfache Trensenzäumung oder eine milde gebisslose Zäumung wie Sidepull, Glücksrad oder Bosal (wobei das gebisslose Reiten anspruchsvoller ist als das Reiten mit Gebiss). Was damit nicht funktioniert, funktioniert auch mit einer schärferen Zäumung nicht. Auch Sporen verwende ich nicht: Ich brauche sie einfach nicht – denn für eine Sensibilisierung des Pferdes auf die Reiterhilfen gibt es andere Möglichkeiten. Mit der Gerte sieht es allerdings anders aus: Als flexibler ›Signalgeber‹ und Verstärker, der an verschiedenen Körperteilen des Pferdes gezielt eingesetzt werden kann, ist sie ein wichtiges Hilfsmittel.

Wir beginnen mit einigen grundlegenden konzeptionellen Ideen zum Verständnis der Zusammenhänge, kommen dann zu Sitz und Einwirkung des Reiters und schließlich zu den Haltungskriterien für das Pferd und zum Schluss zur Problemlösung bei Schwierigkeiten.

Das minimalistische Prinzip bei der Ausrüstung: eine milde Zäumung (hier gebisslos) und präzise Energiesteuerung.

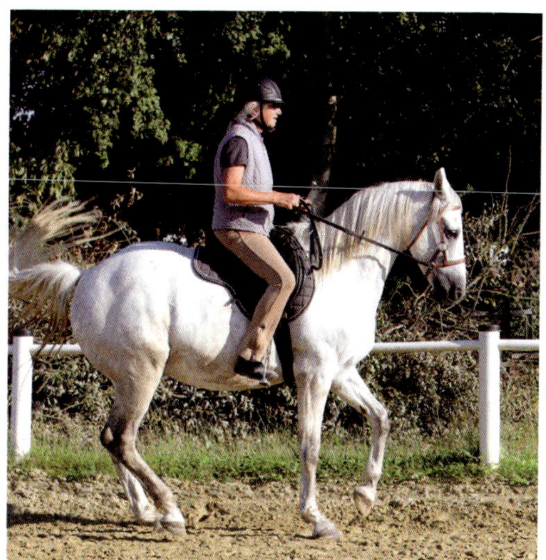

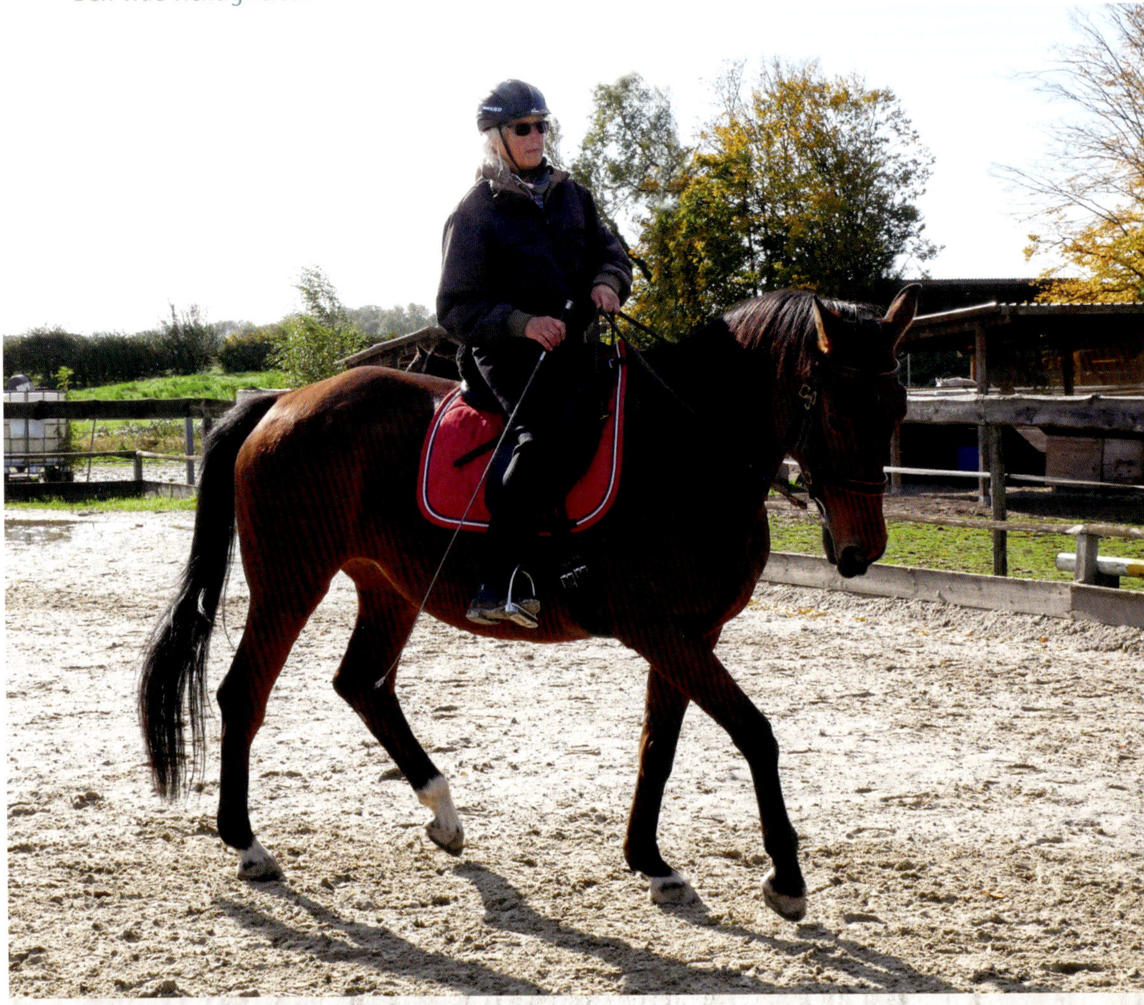

Grundideen
und Denkanstöße

Es gibt keine absolute Wahrheit, sondern nur Interpretationen

Methoden können nicht 1:1 kopiert werden! Menschen und Pferde sind ausgeprägte Individualisten – mit ganz eigenen Schwächen und Stärken. Was für das eine Reiter-Pferd-Paar funktioniert, kann bei einem anderen falsch (oder verfrüht) sein. Sowohl bei Pferden als auch bei Reitern gibt es Bewegungstalente und andere, die sich erst mühsam mit neuen Bewegungsformen und Anforderungen arrangieren müssen. Lerntempo und körperliche Entwicklung sind unterschiedlich.

Frei nach dem Spruch ›Wer heilt hat recht‹ kann man auch beim Reiten sagen: Wer die Bewegungsqualität im System verbessert, reitet richtig. Unter diesem Gesichtspunkt wirkt der bisweilen erbittert geführte Reitweisen- und Methoden-Streit wie so mancher Religionskrieg, bei dem bis aufs Blut um absolute Nebensächlichkeiten in der Auslegung der heiligen Schriften gestritten wird.

Energiekonzepte für mehr Eleganz

Elegantes Reiten funktioniert nur durch sinnvollen Umgang mit der Energie. Dazu muss man sich Folgendes vergegenwärtigen: **Nur das Pferd kann Vorwärtsenergie erzeugen.**

Der Reiter ist für die Lenkung der Energie zuständig und muss dafür sorgen, dass sie sowohl beim Pferd als auch bei sich selbst durchkommt. Das ist vom Prinzip her die Durchlässigkeit (die leider oft nur auf die Hilfen bezogen wird).

Der Reiter braucht eine andere Form der Energie: mentale Kraft, Körperspannung sowie Willens- und Vorstellungskraft

Energie folgt der Aufmerksamkeit – Energie richten

Der Reiter kann sich eine Energiekugel in der Bauchmitte vorstellen, die er mental immer wieder neu ausrichtet: nach oben (das Pferd vor sich nach oben bringen), nach vorn, nach hinten (rückwärtsrichten) oder zur Seite.

Mit dieser Energie aus der Bauchmitte kann er sich sogar selbst geraderichten, indem er sie z.B. in seine eingeknickte Seite verschiebt. Ein guter Reitlehrer kann zudem nicht nur sehen, sondern auch über Energiearbeit fühlen, ob der Reiter durchlässig ist und seine Gelenke nicht blockiert. Hilfensysteme, bei denen jeder Schritt oder Tritt des Pferdes herausgetrieben wird, sind **reine Energieverschwendung**. Das Pferd muss prinzipiell von allein laufen, der Reiter greift mit sparsamen Impulsen und nötigenfalls kurzfristig mit Verstärkern nur dann ein, wenn er etwas ändern will (vgl. Arbeitsreitweisen, die sich eine aufwändige Hilfengebung gar nicht leisten können).

Energie fließen lassen und lenken

Leichttraben mit der Vorstellung, die Gesäßknochen sind mit dem Rücken des Pferdes verbunden und der Pferderücken wird beim Aufstehen mit angehoben (wirkt treibend und bringt den Rücken nach oben).

Energie aus der Bauchmitte mental nach vorne, hinten oder zur Seite verschieben. An ›langsam‹ oder ›vorwärts‹ denken. (Richtungs- und Tempokontrolle)

Isometrische Spannung im Oberkörper erhöhen: Energie aus der Bauchmitte nach außen drücken und durch Schließen der Achselhöhlen komprimieren (mehr Präsenz und Stabilität).

Geraderichten für den Reiter durch Verschieben der Energie: Eingeknickte Seite aus der Bauchmitte mit Energie ›ausstopfen‹. Mit der Idee: alle Seiten gleich lang, Gesäßknochen zeigen nach unten.

Eine Energielinie vom Ellbogen zum Maul des Pferdes. Bei Pferden, die sich hinter dem Zügel verkriechen, kann man sich diese als flexible ›Stange‹ vorstellen, die den Hals des Pferdes nach vorne stößt. Bei Pferden, die gegen die Hand gehen oder sich drauflegen, ist es eher ein ›Wasserstrahl‹, der durch den Unterarm fließt und über Ellbogenwinkel und Öffnen und Schließen der Faust gesteuert wird.

Die Beine gleich lang bekommen: Wenn der Reiter das Gefühl hat, seine Bügel wären ungleichmäßig lang (und eine Überprüfung ergibt, dass das nicht der Fall ist), bedeutet das, dass er auf der gefühlten kürzeren Seite mehr Druck mit dem Ballen in den Bügel gibt und/oder das Knie hochzieht bzw. den Unterschenkel aktiv an den Pferdebauch anlegt. Hier kann es helfen, sich Energie wieder als Wasser vorzustellen, welches durch das Bein nach unten fließt, damit das Bein wieder in eine frei hängende Position kommt.

Prinzipiell ist es immer eine gute Idee, in die bessere Seite (Arm, Bein oder Kopfhaltung in Rechts- und Linkswendungen) hineinzufühlen und dann die schlechtere Seite energetisch anzupassen.

Das Prinzip der Energieerhöhung

Vor jedem Übergang nach oben und nach unten muss die Energie des Pferdes erhöht werden, um den Übergang weich und stockungsfrei hinzubekommen. Meine Schülerin Julia hat den Übergang nach oben mit dem kontrollierten ›Kommen-Lassen der Kupplung‹ verglichen: Gas geben und dann die Energie langsam nach vorne freigeben. Ein guter Vergleich, wie ich finde …

Übergänge nach unten reitet man über kurze versammelnde Impulse (also auch durch Energieerhöhung bei kurzen verhaltenden Hilfen). Versammlung ist anstrengend und so wird das Pferd eine Parade leicht durchlassen, wenn es sich immer wieder in der Versammlung anstrengen muss.

Sensibilität

Besonders wichtig bei der Ausbildung ist es, die grundsätzlich vorhandene Sensibilität des Pferdes zu erhalten, sodass mit der Zeit eine Reduzierung von Aufwand und Druck beim Reiten erfolgen kann. Das Pferd spürt jede Fliege auf der Haut. Genauso spürt es auch einen leichten Impuls mit dem Schenkel – und wird ihn befolgen, wenn es gelernt hat, aufmerksam auf den Reiter zu achten. Diese Aufmerksamkeit braucht Vertrauen, einen achtsamen Umgang miteinander und eine gute Erziehung des Pferdes!

Intervalltraining in freier Selbsthaltung

Wenn Reiter und/oder Pferde aus einer Trainingseinheit schweißnass und aufgeregt herauskommen, stimmt das Grundkonzept der Ausbildung nicht. Statt richtiger Körperspannung wird falsche **VERspannung** erzeugt, welche auf Dauer die Beweglichkeit einschränkt, statt sie zu verbessern und **zu übermäßigem Schwitzen als Stressreaktion führt.** Eine durchdachte Arbeit im Gleichgewicht und in relativer Losgelassenheit basiert nicht auf kräftiger dauerhafter Einwirkung des Reiters mit Hand und Bein, sondern auf einem Intervalltraining, in dem, nach kurzen Anstrengungen (Energieerhöhung), immer wieder unnötige Spannung aus dem System herausgenommen wird. Kraft und Energie brauchen Reiter und Pferd jedoch trotzdem: in Form von Körperspannung, die beiden die nötige Stabilität gibt, ohne die Beweglichkeit der Gelenke einzuschränken. Konzentrierte Arbeit ist nur in kurzen Reprisen möglich; insbesondere junge Pferde können sich nicht allzu lange konzentrieren und auch die funktionelle Haltung unter dem Reiter nicht dauerhaft bewahren. Aber auch für fortgeschrittene Pferde ist ein durchdachtes Intervalltraining durchaus angebracht, um langfristig Losgelassenheit zu gewährleisten.

Sensibel wahrnehmen – vorausschauend reiten – rechtzeitig einwirken

Gute Kontrolle ist möglichst frühe und unsichtbare Kontrolle. Eine kleine ›Nachjustierung‹, bevor das Pferd ›aus dem Ruder gelaufen ist‹, verhindert in den meisten Fällen eine härtere Einwirkung. Um rechtzeitig nachzujustieren, muss der Reiter stets über den ›Zustand‹ von Maul, Genick, Rücken und Hinterbeinen des Pferdes informiert sein. Veränderungen in der Zügelspannung, der Energieübertragung und der Rückenbewegung des Pferdes muss er ständig aus losgelassener Konzentration heraus wahrnehmen und bewerten. Bei einem routinierten Reiter laufen solche Prozesse der Feinjustierung von Haltung und Bewegungsqualität unterschwellig ab – wie beim Autofahren. Trotzdem sollte er immer wieder in seinen eigenen Körper hineinhorchen und überprüfen, welche Spannungsverhältnisse dort herrschen: in der Hand, im Arm, im Bein, im Fußgelenk ... Und vor allem sollte er prüfen, ob sein Becken noch senkrecht steht und die Bewegungen des Pferderückens durchlässt.
Nicht nur das Pferd soll unter Kontrolle gehalten werden, auch der Reiter sollte sich selbst und die Spannungszustände in seinem Körper ständig kontrollieren (**Selbstabfrage**). Er kann sich vorstellen, dass er dazu seinen eigenen Körper wie mit einem Scanner von oben nach unten ›abtastet‹.

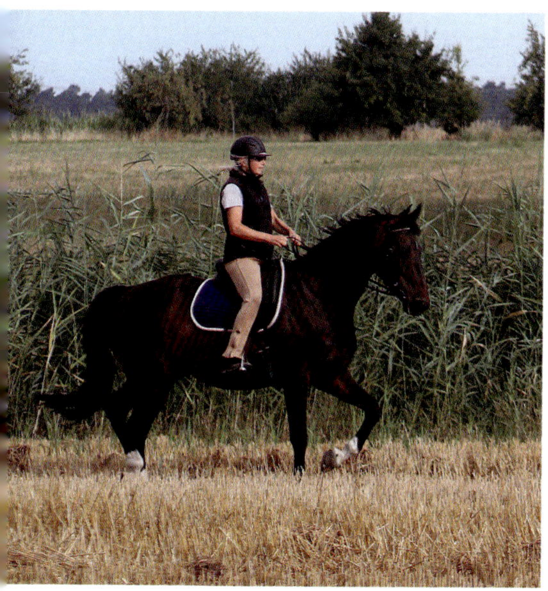

In Selbsthaltung: Losgelassen mit hoher Energie.

Wie der Reiter, so das Pferd

Das Pferd nimmt jede Nuance der positiven oder auch negativen Spannungszustände im Reiterkörper wahr und spiegelt sie. Will der Reiter bewusst Spannung aus dem System nehmen, muss er immer bei sich selbst anfangen. Manchmal reicht es schon, bewusst auszuatmen (die Luft rauszulassen und seine eigene Mitte zu finden), um auch das Pferd zum Loslassen zu bringen.

Glauben Sie daran ...

So mancher Reiter, der in einem nicht optimal funktionierenden System gefangen ist, glaubt nicht daran, dass es Alternativen gibt. Menschen stecken oft derart in Gewohnheiten und (für sie selbst) falschen Glaubenssätzen fest, dass es neue Ideen schwer haben.

Das geht so weit, dass man ihnen eine Energie sparende Alternative mit ihrem eigenen Pferd vorreiten kann und sie trotzdem nicht daran glauben, dass es funktioniert.

Falsche Ideen von Kontrolle und Haltung spielen da eine Rolle und natürlich auch die Angst vor Kontrollverlust. Aber auch eine verkümmerte Wahrnehmung des eigenen Körpers und seiner Spannungs- bzw. Verspannungszustände.

Glauben Sie also an ›das Richtige‹ (= Erwünschte), sowohl, was Ihren eigenen Körper betrifft, als auch was die Interaktion mit dem Pferd angeht.

Vertrauen braucht Sicherheit und Souveränität

Kontrollieren Sie nicht zu viel, sondern lassen Sie das Pferd ›mal machen‹. Halten Sie es nicht ständig am Gängelband, sondern geben ihm Raum zur Entfaltung.

Kontrollieren Sie jedoch die eigenen Gedanken, damit sich nicht ein negatives Vorstellungsbild (eine Befürchtung) einschleicht. Lassen Sie das Pferd ungehindert seine Arbeit tun, auch wenn dabei manchmal kleinere ›Fehler‹ passieren. Vertrauen Sie sich selbst und Ihren Fähigkeiten

Die zweckmäßige Haltung sieht für verschiedene Pferdetypen unterschiedlich aus. Pferde mit einem hoch angesetzten Hals, wie diese Friesenstute, sehen mit entspannter Halshaltung anders aus, als z.B. die Warmblutstute auf der rechten Seite.

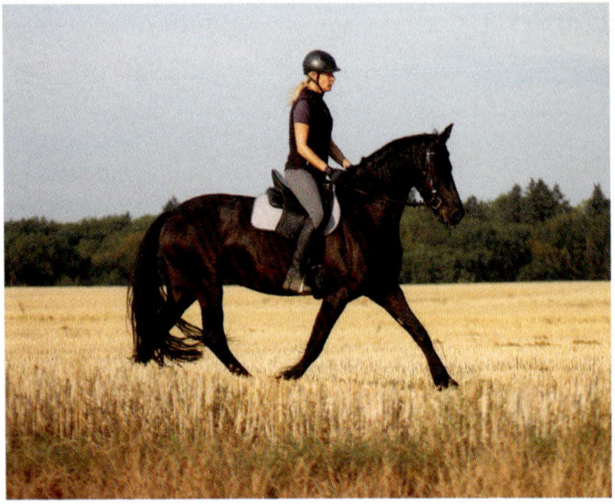

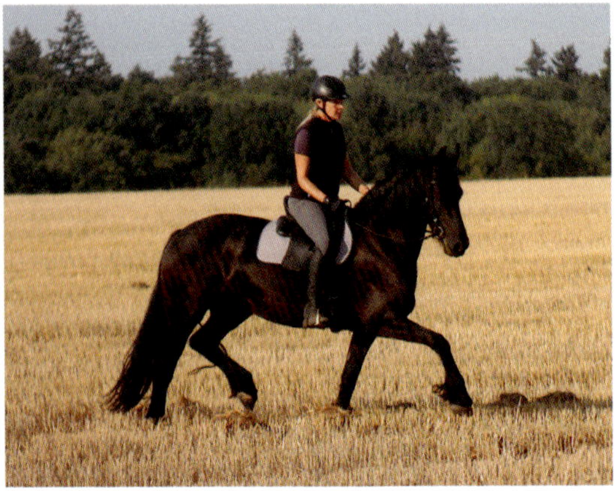

und bringen Sie dem Pferd eine Art ›Vorschuss-Vertrauen‹ entgegen.

Das minimalistische Prinzip

Natürliche Bewegungen verlaufen stets auf dem direkten Weg. Pferd und Mensch sind von Natur aus Energiesparer und versuchen, mit dem geringsten Aufwand an Energie das beste Ergebnis zu erzielen. Übertragen wir das auf die Hilfengebung, so landen wir beim Reiten mit feinen Impulsen. **Reiter und Pferd befinden sich dabei unabhängig voneinander im Gleichgewicht**, so dass sich nicht einer beim anderen abstützen muss (das Pferd liegt nicht auf der Hand und der Reiter zieht nicht am Zügel). Das erfordert für beide eine zweckmäßige Haltung, die der sorgfältigen Ausbildung bedarf und nie mit Zwang (z.B. Hilfszügeln) zu erreichen ist.

Ökonomisch arbeiten

Die zweckmäßige (ökonomische) Haltung verbraucht für eine geforderte Bewegung oder Lektion die geringstmögliche Energie. Nehmen wir als Beispiel das Thema ›das Pferd von hinten nach vorne an die Hand heranreiten‹. So mancher Reiter betreibt da einen hohen Energie-Aufwand, hält mit viel Kraft vorne gegen und treibt mit vermehrtem Druck des Schenkels. Damit stellt er sein Becken in eine blockierende Stellung und stört das Pferd, so dass es nicht mehr ›über den Rücken‹ vortreten kann. Einfacher (energiesparender) wäre es, das Pferd auf leichte treibende Impulse zu sensibilisieren, seinen Rücken mit senkrecht stehendem Becken freizugeben und auch am Zügel nur mit kurzen Impulsen einzuwirken.

Je mehr Aktion, desto schlechter sind Wahrnehmung und Kommunikation

Kommunikation besteht nicht nur aus Reden, sondern auch aus Zuhören. Je mehr Sie selbst tun, umso weniger haben Sie Zeit, dem Pferd zu-

Ökonomische Bewegung ohne falsche Spannung. Reiter und Pferd halten sich unabhängig im Gleichgewicht.

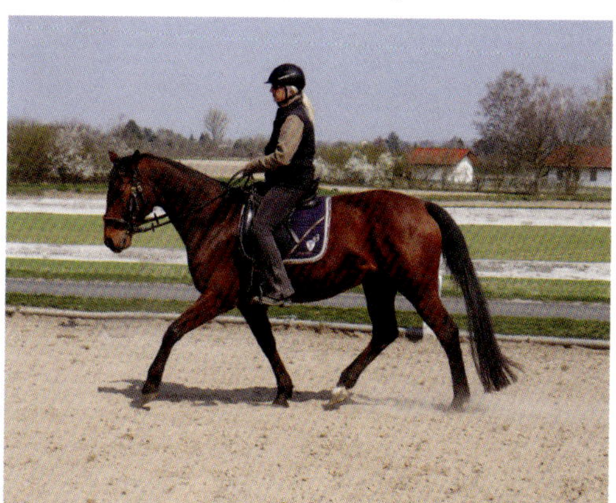

Falsche Spannung im System. Zu straffer Zügel, sichtbarer Unterhals; und der Gesichtsausdruck des Pferdes spricht Bände.

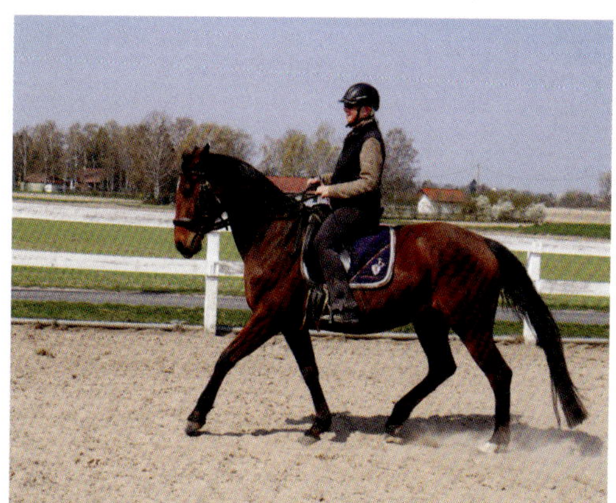

zuhören und in die Verbindung hineinzufühlen. Wenn Sie das Pferd nicht ›zu Wort kommen lassen‹, haben Sie keine Chance, mit der Zeit leiser zu reden, d.h. die Hilfen zu minimieren.
Versuchen Sie also, immer wieder für kurze Zeit nichts zu tun, und auf die Reaktionen des Pferdes zu achten. Bei faulen Pferden können Sie die treibende Einwirkung dabei auf Gerte und Stimme verlagern, um über den Sitz besser zu fühlen.
Es gibt allerdings Pferde, die verleiten den Reiter zu dauernder Einwirkung. Diese muss man durch Resensibilisierung ›umprogrammieren‹.
Die Erfahrung zeigt, dass es den meisten Reitern extrem schwerfällt, nichts zu tun und aufmerksam abzuwarten. Die präzise Wahrnehmung der Spannungszustände im System sowie der Befindlichkeiten und auch der ›Angebote‹ des Pferdes ist unerlässlich für eine Reduzierung des ›Hilfenaufwandes‹.
Pferde, die nicht mehr reagieren, haben im Allgemeinen ›gelernt‹, das ›Dauergeschwätz‹ seitens des Reiters zu ignorieren.

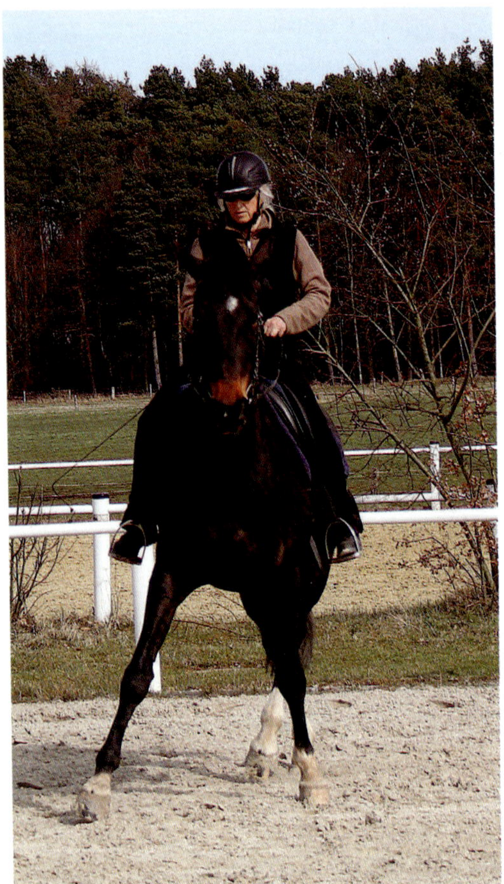

Haltung ist Bewegung ... und Bewegung kann man nicht festhalten

Eine der wichtigsten Aufgaben bei der Ausbildung des Pferdes ist es, dessen volle Bewegungsfreiheit mit dem zusätzlichen Gewicht des Reiters wieder herzustellen. Durch Funktionsgymnastik, Kraft- und Konditionstraining soll das Pferd lernen, sich unter dem Reiter neu auszubalancieren und Schubkraft in Tragkraft umzuwandeln. Die neue Balance unter dem Reiter findet das Pferd jedoch nur, wenn es dabei möglichst wenig eingeengt wird und seinen **Hals als Balancierstange** frei tragen kann. Eine zweckmäßige Haltung mit aktiver Hinterhand und schwingendem Rücken stellt sich schließlich dann ein, wenn es der Reiter schafft, das Pferd möglichst wenig zu stören und an den richtigen Stellen mit kurzen korrigierenden Impulsen einzugreifen. **Haltung muss in**

Konzentriertes Nichtstun und nur eingreifen, wenn eine Veränderung gewünscht wird: Das funktioniert auch in den Seitengängen.

jedem Augenblick immer wieder neu erarbeitet werden – die des Pferdes und die des Reiters.
Ganz wichtig: Versuchen Sie nie, ein zappeliges Pferd festzuhalten. Im besten Fall produzieren Sie Taktfehler und stockende Paraden, im schlechtesten Fall verlieren Sie die Kontrolle und provozieren möglicherweise eine explosive Reaktion, denn viele Pferde haben große Angst davor, in ihrer Bewegungsfreiheit eingeschränkt zu werden.

Druck erzeugt Gegendruck

Gegen Hilfen, die zu lange dauern, wird sich das Pferd durch Gegenstemmen wehren.
Wer den treibend gedachten **Schenkel bohrend oder drückend** einsetzt, kippt sein Becken in die blockierende Stellung und zieht damit über den Sitz praktisch die Handbremse an (und wird das Pferd eher zum Verlangsamen als zum Beschleunigen animieren). Das gleiche passiert mit einem Sporenstich bei hochgezogenem Absatz und ausgedrehter Fußspitze.
Ein **leichtes Herüberlehnen des Reiter-Oberkörpers in Bewegungsrichtung** kann kurzfristig tatsächlich eine erwünschte Richtungsänderung des Pferdes bewirken – das Pferd wird versuchen, **›unter das Gewicht des Reiters zu laufen‹.** Dauert diese ›Gewichtsverlagerung‹ zu lange oder wird sie übertrieben, so wird sich das Pferd dagegen wehren, weil es Angst davor hat, sein Gleichgewicht zu verlieren. Gehen Sie also sparsam mit ›Gewichtshilfen‹ um, bleiben mittig über dem Pferd und schieben nur die Hüfte in Bewegungsrichtung vor.
Nimmt der Reiter den Zügel zu lange an und kommt dadurch ins **Ziehen**, wird sich das Pferd gegen den Zügel wehren oder mit Gegenziehen reagieren (es legt sich auf den Zügel).
Gute Hilfen arbeiten mit leichten und so kurz wie möglich gegebenen Impulsen. Verhaltende Zügelhilfen sollten nach dem Prinzip der Stotterbremse eingesetzt werden: annehmen – nachgeben – erneut annehmen. Damit verweigern Sie dem Pferd die Stütze und zwingen es dazu, sich selbst auszubalancieren.
Wer es auf einen Ziehkampf mit dem Pferd ankommen lässt, kann nur verlieren, denn das Pferd hat mehr Kraft.

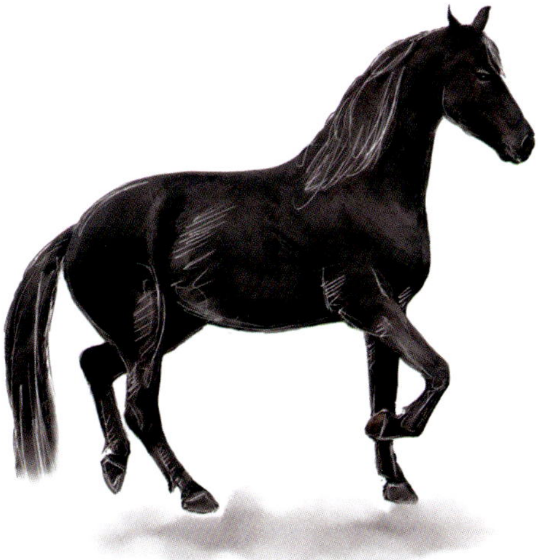

Diese Friesenstute zeigt auf der Koppel alle Elemente der korrekten Versammlung: angehobene Schulter, frei getragener Hals, Lastaufnahme mit den gewinkelten Hinterbeinen und gesenkter Kruppe sowie senkrecht unter dem Rumpf arbeitenden Beinen. Die Funktion des Halses als Balancierstange ist hier deutlich zu sehen.

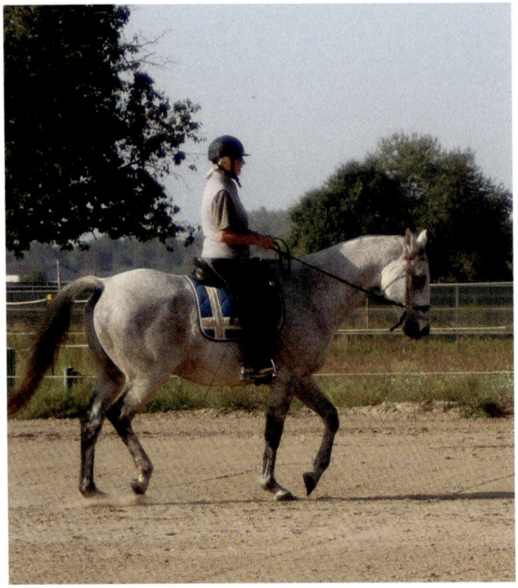

Korrekte Haltung kann nicht mit Zwang hergestellt werden. Und oft ergibt sich eine Verbesserung durch Verzicht auf allzu viel Kontrolle – wie hier durch Verwendung einer gebisslosen Zäumung (LG-Zaum / Glücksrad).

Hilfszügel helfen nicht!

Denn der Reiter versucht mit ihnen oft eine Haltung herzustellen, die das Pferd noch nicht einnehmen bzw. längere Zeit beibehalten kann. Eine solche Zwangshaltung hat meistens ein verspanntes Pferd mit schmerzender Muskulatur zur Folge.

Hilfszügel setzen zudem an der falschen Stelle an – nämlich vorne statt hinten.

Mit Hilfszügeln kann der Reiter kein Gefühl für die richtige Einwirkung bekommen. Und das Pferd kann nicht lernen, sich korrekt unter dem Reiter auszubalancieren und sich selbst zu tragen. Stattdessen wird es Angst vor Balanceverlust bekommen und sich festmachen bzw. auf den Hilfszügel legen, um sein Gleichgewicht zu erhalten.

Dauerhafter Einsatz von Hilfszügeln oder auch schärferen Gebissen, um eine erwünschte Haltung herzustellen oder die Kontrolle zu verbessern, stellt jedem ernsthaften Reiter ein ›Unfähigkeitszeugnis‹ aus und bedeutet eine gesundheitliche Gefahr für das Pferd.

Auch das Thema ›fest zugezogener Sperr-Riemen‹ gehört hierher: Feste Verschnürungen am Kopf des Pferdes behindern die Maultätigkeit und damit die Losgelassenheit in Kiefer und Genick. Maulaufsperren oder Zähneklappern stellt für so manches Pferd eine Möglichkeit dar, Spannungen abzubauen. Pferde, die aus unterschiedlichsten Gründen ›unter Strom stehen‹, sind auch mit gebissloser Zäumung oft unruhig mit dem Maul und klappern mit den Zähnen. Das offene Maul ist zwar unschön und zeigt deutlich, dass etwas nicht stimmt, kann aber auch als ›Ventil‹ explosive Reaktionen verhindern.

Andere Idee – andere Wirkung

Die Grenzen der sprachlichen Beschreibung

Die Beschreibung von Dingen und Zusammenhängen, die sich erst mit der Zeit über das Gefühl und die Erfahrung erschließen, stellt bei der Vermittlung von Lerninhalten beim Reiten ein großes Problem dar.

Zumal auch noch jeder Reiter – egal ob Reitschüler oder Ausbilder – eine ganz eigene Art hat, etwas zu erfassen und Erfahrungen macht, die nur ihm allein zugänglich sind. Selbst auf dem gleichen Pferd wird jeder Reiter andere Prioritäten für seine Wahrnehmung und die Interaktion mit dem Pferd setzen. Ängste, Befürchtungen und frühere Erfahrungen wirken dabei wie ein Filter. Die kontrollierende Wirkung des äußeren Zügels z.B. muss der Reitschüler einfach einmal gespürt haben, damit er glaubt, dass es funktioniert, außen anzunehmen, wenn das Pferd über die äußere Schulter drängelt.

Das Prinzip ›stille Post‹

Eine weitere Problematik stellt das überlieferte ›Reiterlatein‹ dar, welches manchmal zu fatalen **Fehlinterpretationen** führt. Bestes Beispiel ist der Begriff ›An den Hilfen‹, der extrem unterschiedlich ausgelegt wird: Die Kontrollfreaks wollen das Pferd ›bombensicher‹ zwischen treibenden und verhaltenden Hilfen einspannen und nehmen ihm damit jede Bewegungsfreiheit. Andere vernachlässigen die korrekte Haltung und sind zufrieden, wenn sich das Pferd halbwegs kontrollieren lässt.

Viele Begriffe werden nach dem Prinzip der stillen Post von Reitergeneration zu Reitergeneration weitergegeben, wobei bisweilen die ursprüngliche Bedeutung verlorengeht. Beispiel Schenkeldruck: Druck mit dem Unterschenkel funktioniert nicht, denn der blockiert das Becken des Reiters und taugt weder zum Treiben noch zur Herstellung von Stabilität. Trotzdem gibt es Legionen von Reitern, die immer noch versuchen, das Pferd mit SchenkelDRUCK vorwärts zu bekommen. Vermutlich war ursprünglich Druck mit dem Oberschenkel gemeint – durch vermehrte Innenrotation im Bein, um z.B. das Pferd am Ausweichen zu hindern.

Alternative Begriffe – andere Bewegungs- bzw. Haltungs-Ideen

Daneben gibt es Kommandos, die, wenn man sie wirklich so ausführt wie gegeben, zu Fehlhaltung und Blockaden beim Reiter führen.

›Schulterblätter zusammen‹ – führt zum Hohlkreuz und zur Beckenblockade.

Alternative für Stabilität im Oberkörper: **Achselhöhlen hinten schließen**, Energie aus der Bauchmitte nach außen richten.

›Absatz tief‹ – führt zu einer Versteifung des Beins und in der Folge wieder zur Unbeweglichkeit des Beckens. Alternative für losgelassene Gelenke: Federung nach unten zulassen. **›Den tiefen**

Gymnastizierung ohne Gebiss: Schulterherein in korrekter Haltung mit dem LG-Zaum. Soviel zu der Aussage, man könne ein Pferd gebisslos nicht dressurmäßig reiten ...

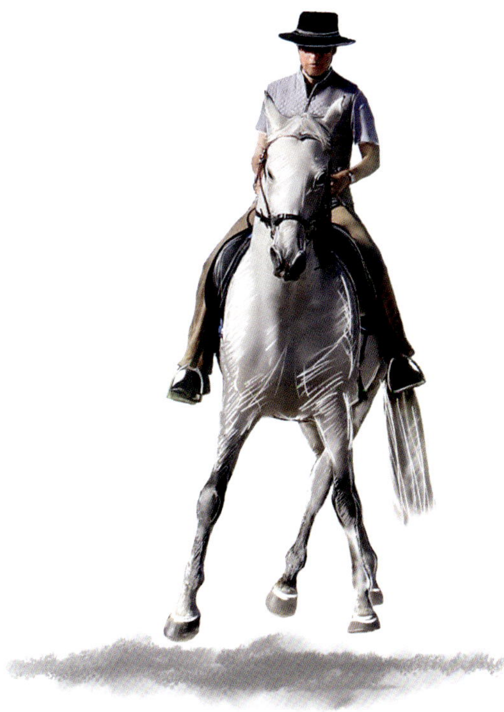

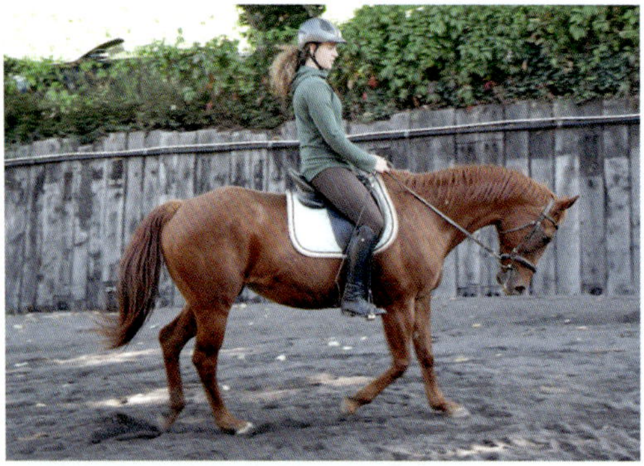

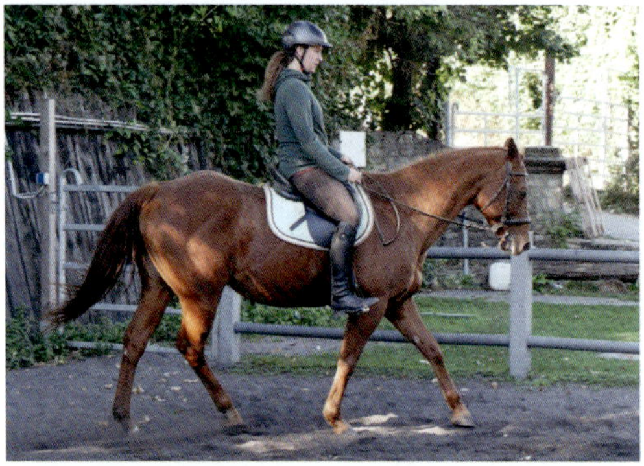

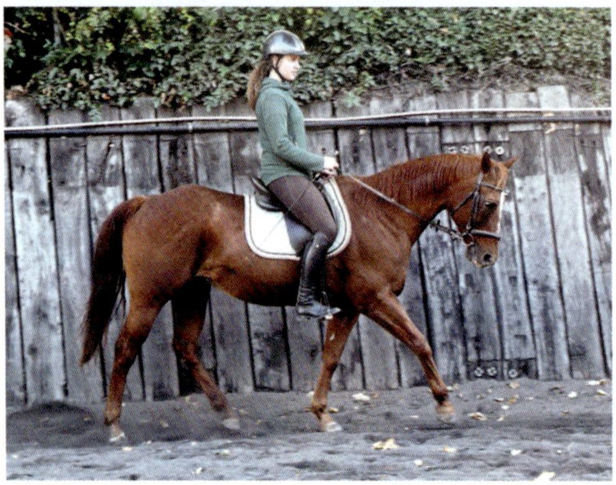

Blickschulung zur Energiesteuerung und Präsenz:
Oben: Reiter ohne Energie in Rücklage, Pferd energielos und zu tief.
Mitte: Etwas bessere Energie, jedoch immer noch in Rücklage mit zu weit vorgestrecktem Bein; auf diese Weise lässt sich die Reiterin eher tragen als aktiv zu reiten und belastet den Pferderücken zu stark.
Unten: Gute Präsenz der Reiterin und Haltung des Pferdes. Der Oberkörper könnte jedoch noch etwas weiter nach vorn in die Senkrechte kommen.

Absatz macht das Pferd‹ – immer dann, wenn es Beckenseite und Gesäßknochen des Reiters nach unten bewegt. Vorausgesetzt, das Bein hängt frei. Beim Reiten ohne Bügel ist es besser, an ›Fußspitzen leicht anheben‹ zu denken, als an ›Absatz tief‹. Damit bekommt der Reiter ein anderes Bild in den Kopf und aktiviert die Beugemuskeln unten im Fuß, statt das Bein zu stark zu strecken und dabei das Knie zu blockieren.

›Füße parallel zum Pferd‹ oder auch ›Fußspitzen nach innen‹ – mit diesem Kommando haben Generationen von Reitern eine Zwangshaltung erlernt, die die Gelenke im Bein unter falsche Spannung setzt und sich wieder bis zum Becken fortsetzt. Alternative: Innenrotation im ganzen Bein – dann ist der Fuß von allein parallel und das Knie liegt flach am Sattel. Diese Innenrotation ist durch zwei verschiedene Ideen realisierbar: von oben durch ›Eindrehen des Beins aus der Hüfte‹ und von unten durch ›Absätze nach außen drehen‹.

Empathie und die selbsterfüllende Prophezeiung

Stellen Sie sich immer das vor, was Sie wollen, und nicht das, was Sie befürchten.

Wenn Sie denken: »Ich kann das nicht; das geht schief«, werden Sie Recht haben. Und wenn Sie denken: »Ich kann das, es wird funktionieren«, werden Sie auch Recht haben. Ihr Unterbewusstsein arbeitet daran, die Vorstellung, die Sie von sich und Ihrem Tun haben, wahr werden zu lassen.

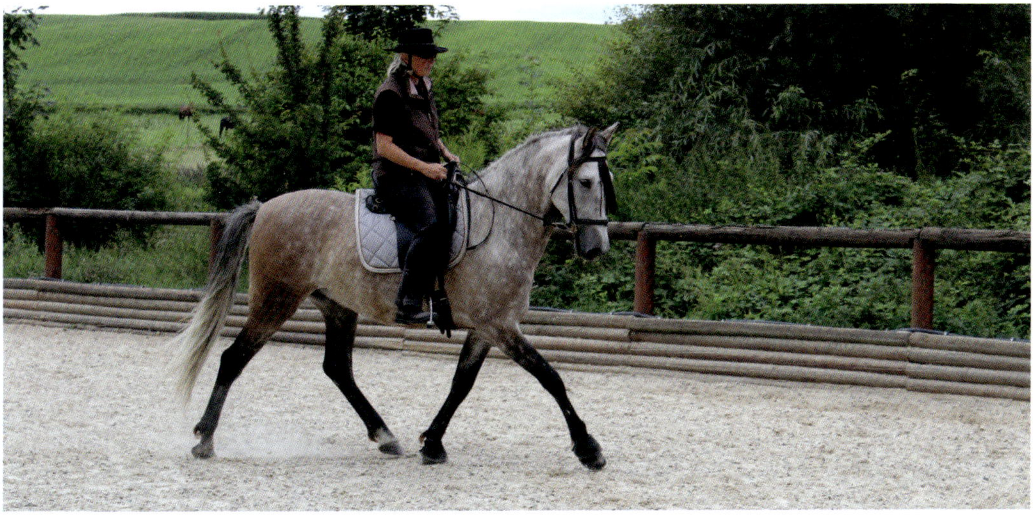

Emotions- und Gedankenkontrolle: Jede Befürchtung, aber auch jede positive Vision wird vom Pferd aufgefangen.

Ihr Pferd reagiert ähnlich wie Ihr Unterbewusstsein. Pferde sind extrem empathisch und nehmen positive wie negative Emotionen über die Veränderung in Ihrer Körperspannung auf. Wenn Sie also befürchten, dass Ihr Pferd an der Tür scheut (und dieses Bild im Kopf haben), wird genau dies passieren. Wenn Sie sich jedoch vorstellen, dass Sie schon an der Tür vorbei sind und das Bild im Kopf haben, wie sich das Pferd losgelassen und entspannt hinter der Tür befindet, wird das Pferd diesem Bild entsprechen. Das Gleiche funktioniert mit jeder gerittenen Lektion. Schließen Sie jedoch immer sich selbst in die bildhafte Vorstellung ein.

Empathie des Reiters: sich in die Lage des Pferdes versetzen

Der Mensch kann sich in Sachen Empathie eine Scheibe abschneiden beim Pferd. Erster Schritt ist, sich in die Lage des Pferdes zu versetzen und Ängste und Schwierigkeiten des (Reit-)Pferdes nachzuvollziehen. Insbesondere die Angst vor Gleichgewichtsverlust und Bewegungsunfähigkeit sollte der Mensch verstehen können. Im Trockentraining und in Führen-und-Folgen-Übungen kann er am eigenen Leibe erfahren, wie ein Pferd sich in bestimmten Situationen fühlt. Und er wird sich besser in das Pferd einfühlen können, wenn es ihm mitzuteilen versucht, dass es das Verlangte gerade nicht kann. Oft ist ein so genannter Ungehorsam des Pferdes nur ein Hinweis auf missverständliche Hilfen oder Überforderung.

Emotions- und Gedankenkontrolle

Der Gedanke, die Vorstellungskraft, steuert die Muskulatur des Reiters und damit jede Art von Bewegung und Handlung. Bei allem, was man tut, gibt es verschiedene ›Ideen‹ für die Ausführung einer Handlung. Sorgen Sie dafür, eine ›zweckmäßiger Idee in den Kopf zu bekommen – einen Gedanken, der Sie und Ihr Pferd weiterbringt.

Reiten Sie emotionslos

Regen Sie sich nicht auf, wenn etwas nicht gleich klappt. Vielleicht hat das Pferd Sie noch nicht richtig verstanden. Lassen Sie sich nicht vom Pferd ärgern, wenn es nicht wunschgemäß reagiert (es will Sie nicht absichtlich ärgern). Vermeiden Sie überzogene Reaktionen und bleiben Sie gelassen, wenn das Pferd etwas als gefährlich einstuft. Versuchen Sie, das Pferd abzulenken, und nicht dessen Thema aufzugreifen.

Gezielt Spannung herausnehmen

Bei allen unerwünschten Aktionen des Pferdes sollten Sie nach einer notwendigen Korrektur sofort versuchen, Spannung aus dem System zu nehmen. Ausatmen, Zügel loslassen, Hand sinken lassen, Bein hängen lassen, etwas zusammensa-

Die 4 Formen der Aufmerksamkeit

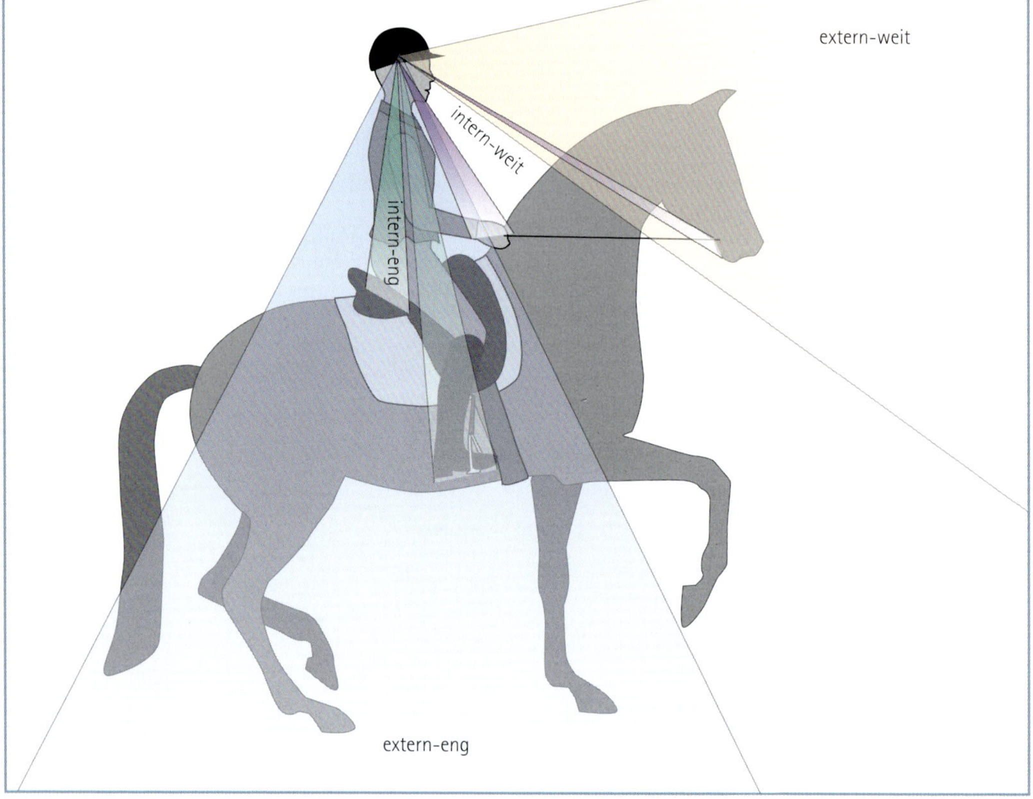

cken im Sattel, Kopf hängen lassen. Das Pferd wird meistens schnell auf diese Entspannungstaktik reagieren. Geben Sie ihm eine kurze Pause und arbeiten dann weiter.

Aufmerksamkeit lenken

Die 4 Formen der Aufmerksamkeit

Im Energiekreis Reiter+Pferd gibt es vier verschiedene Konzentrationsschwerpunkte in der Innen- und Außensicht für den Reiter, auf die er seine Aufmerksamkeit richten und die er ständig in schneller Folge ›abfragen‹ sollte. Das erfordert Flexibilität und schnelles ›Umschalten‹ von Eigenwahrnehmung auf Außenwahrnehmung und wieder zurück.

intern-weit: (lila) Wahrnehmung der Befindlichkeiten des Pferdes sowie der eigenen Interaktion mit dem Pferd. Konzentration auf die Bewegungsqualität im gesamten Energiekreis.

extern-weit: (gelb) Überblick, Ziel, Orientierung im Raum, Hinschauen, wohin man reiten will.

intern-eng: (grün) Was geht im eigenen Körper und im eigenen Kopf vor? Wahrnehmung der eigenen psychischen Befindlichkeiten und der körperlichen Spannungszustände.

extern-eng: (blau) Konzentration auf eine Lektion; auf welcher Linie bewege ich mich mit dem Pferd im Raum? Bildhafte Vorstellung des Reiter-Pferd-Paares in Bewegung.

1. Was tut mein eigener Körper? Das Bewusstmachen von Gesäßknochen- und Beckenstellung, Körperspannung, Blickrichtung und Losgelassenheit in den Gelenken.
2. Wie soll das aussehen? Das richtige Bild, die Idee der gemeinsamen Bewegung von Pferd und Mensch im Kopf haben. Mit der Vorstellungskraft wird ein ›Soll-Zustand‹ erzeugt und ständig mit dem ›Ist-Zustand‹ verglichen.
3. Wie fühlt sich das an? Die Aktionen und Reaktionen des Pferdes (der Körper des Pferdes und dessen Spannungszustände = Ist-Zustand) bewerten. Entsprechen sie dem hinterlegten Gefühl und der Idee der Bewegung? Fühlt sich das gut, d.h. leicht an? Kann ich sitzen oder wirft das Pferd?
4. Wo soll es hingehen? Die Orientierung im Raum (Bewegungsrichtung und Ausrichtung, bewusste Steuerung von Schulter und Hinterhand des Pferdes im Raum).

Das Pferd macht keine Fehler

... und es will seinen Reiter nicht ›mit Absicht‹ ärgern.

Ein Pferd tut in der Regel das, was der Reiter ihm körpersprachlich vorgibt. Viele Reiter kennen jedoch ihre eigenen Vorgaben nicht. Sie tun (unbewusst) etwas anderes, als sie meinen, zu tun. Unterschwellige Ängste überlagern z.B. die Intention und die Hilfen werden undeutlich oder widersprüchlich.

Positive und negative Verstärkung

Fehler des Pferdes entstehen immer nur in Bezug auf den Reiter. Es ist Sache des Reiters, dem Pferd klarzumachen, was es in der Zusammenarbeit mit dem Menschen darf und was nicht. Er kann dem Pferd dabei konsequent eine unerwünschte Aktion unbequem machen (negative Verstärkung) oder eine erwünschte Aktion belohnen (positive Verstärkung).

Das Pferd spiegelt den Reiter

Pferde sind Geschöpfe ihrer Reiter. Der Reiter hat es in der Hand, die Schwächen seines Pferdes zu verbessern und seine Stärken zu entwickeln. Dazu muss er aber ein gutes Vorbild sein und alles, was er vom Pferd verlangt, auch selbst leisten können. (Prinzipiell gelten die Begriffe der Ausbildungsskala des Pferdes genauso für den Reiter.) Wenn er vom Pferd tänzerische Leichtigkeit erwartet, darf er nicht stocksteif auf dem Pferd klemmen und dessen Bewegung behindern. Die Konzentration des Reiters auf die Spannungszustände im eigenen Körper und sein psychisches Gleichgewicht ist deswegen oft wichtiger als alles andere. Es gilt: **Souveräner, (los)gelassener Reiter = losgelassenes Pferd**
Verspannter Reiter = verspanntes Pferd

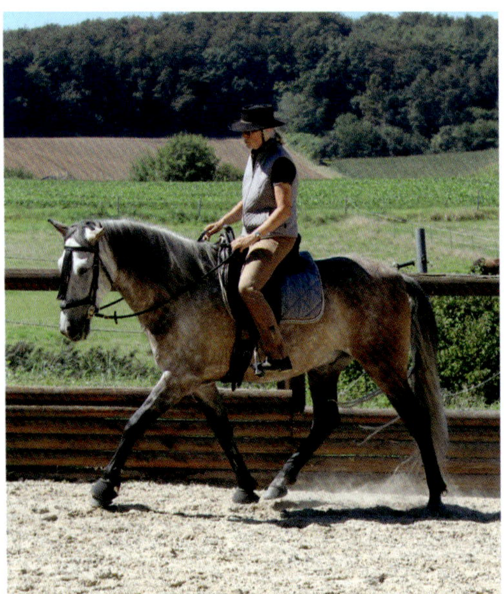

Mit mentaler Kontrolle und Hilfenkürzeln lässt sich die Einwirkung am Zügel deutlich reduzieren.

Visualisierung – Die ›richtige‹ Idee der Bewegung

Ein Bild sagt mehr als tausend Worte – und es ist schneller in eine Aktion umzusetzen!
Wenn Sie schnell reagieren müssen, können Sie nicht lange überlegen, welches Bein oder welche Hand Sie wohin bewegen sollten. Ein bildhaft vorgestelltes ›Handlungsmuster‹ kann schnell abgerufen werden und macht Sie reaktionsschnell. Jede Verfeinerung der Hilfengebung basiert auf der Reduktion der ›ausführlichen‹ Hilfen zu einem ›Hilfenkürzel‹. Und dieses Kürzel entsteht aus einer Visualisierung der Gesamtbewegung des Reiter-Pferd-Paares im Raum im Kopf des Reiters. Visualisieren Sie dabei eine erwünschte Reaktion des Pferdes oder eine Lektion, als ob sie schon erreicht wäre. Unsichtbare‹ Hilfen sind nur möglich, wenn das Pferd gelernt hat, auf die Spannungsveränderungen im Reiterkörper – und damit auf das gedachte Bild – zu reagieren. Dazu braucht es gut antrainierte reflexhafte Reaktionen des Pferdes auf die Hilfenkürzel. Man kann sagen: Eine feine Hilfengebung basiert auf bedingten Reflexen.

Reiten mit Gedankenkraft

Der Reiterkörper organisiert sich nach dem Gedankenbild und das Pferd reagiert auf die über den Spannungszustand im Reiterkörper ausgedrückte Körpersprache des Reiters.

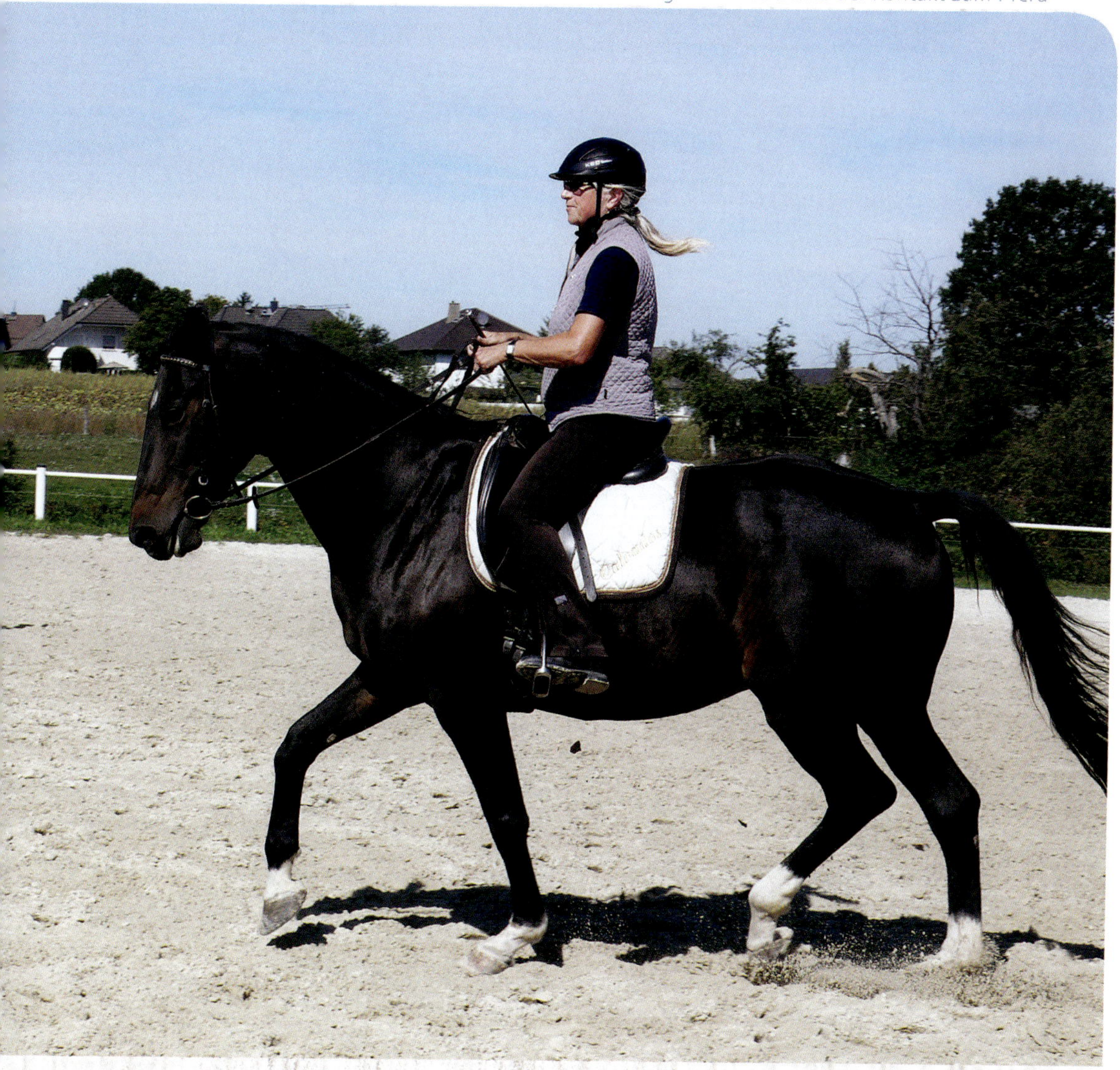

Die Haltung des Reiters
und der Kontakt zum Pferd

Die Grundidee: Das Pferd bewegt den Reiter, nicht umgekehrt

Allgemeine Haltungskriterien: Spannung und Verspannung

Pferd und Mensch brauchen isometrische Haltespannung, um sich aufrecht und stabil zu halten und Wechselspannung in der Bewegungsmuskulatur (bei losgelassenen Gelenken), um Bewegungen leicht und flüssig auszuführen bzw. sich. mitbewegen zu lassen.

Die isometrische Spannung ist grundsätzlich unsichtbar und ›sorgt für Haltung und Stabilität‹. Sichtbare Spannung ist immer falsche VER-spannung in den Bewegungsmuskeln. Sie entsteht durch blockierte, festgehaltene Gelenke bei beiden Partnern – oft durch ein blockiertes Becken des Reiters und ein festes Genick und in der Folge einen festen Rücken des Pferdes.

Beugemuster und Streckmuster

Das richtige Streckmuster (oben mit Rahmen) sorgt für eine senkrechte (neutrale) Beckenstellung, die Bewegung durchlässt: Der Oberkörper ist korrekt aufgerichtet und dabei stabil und geschlossen (kompakt). Die Oberarme hängen senkrecht nach unten. Die Ellbogen sind locker am Körper. Die Achselhöhlen sind hinten geschlossen. Die Hände werden aufrecht getragen. Knie und Absätze sind entspannt.

Falsches Überstrecken (Bilder links) bringt den Reiter ins Hohlkreuz und kippt den Beckenkamm nach vorn: Hier gibt es sehr viele verschiedene Ausprägungen. Befolgt der Reiter die Anweisung ›Schulterblätter zusammen‹, überstreckt er meistens schon. Deswegen bevorzuge ich die Anweisung ›Achselhöhlen hinten schließen‹.

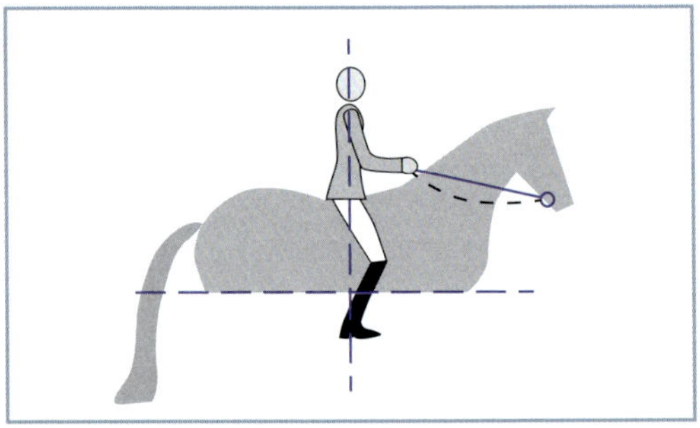

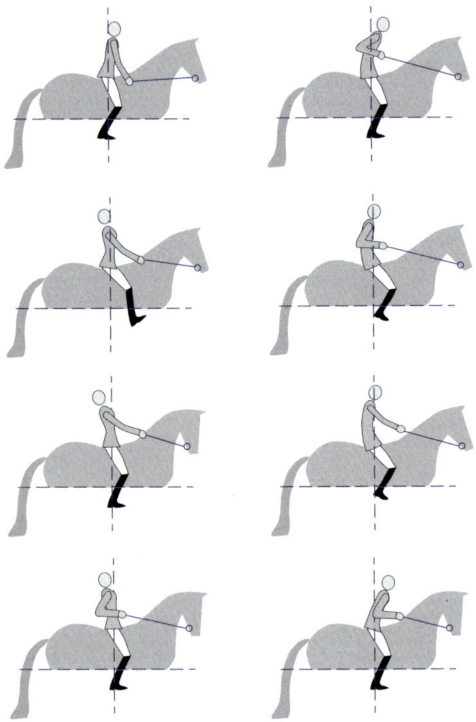

Korrekte senkrechte Ausrichtung des Reiterkörpers (oben) und darunter diverse Fehlhaltungen: links in der Überstreckung und rechts zusammengefallen.

Das falsche Beugemuster kippt den Beckenkamm nach hinten (Bilder rechts): Der Reiter ist zusammengekrümmt und im Bauch zusammengefallen. Die Schultern fallen nach vorne. Die Ellbogen sind abgespreizt. Der Handrücken ist nach oben gedreht. Der Kopf hängt. Knie und Absätze sind hochgezogen.

Kriterien für den Sitz im Trab

beim Aussitzen

Das Becken steht senkrecht und ist frei beweglich. Die Gesäßknochen zeigen nach unten, der Oberkörper ist mit Körperspannung aufgerichtet. Die Gesäßknochen werden über die Rückenbewegung des Pferdes wechselweise angehoben und nach vorn unten abgesetzt.
Das Bein hängt frei, ohne dass der Fuß aktiv Druck in den Bügel gibt. Eine leichte Innenrotation ist hilfreich für die Stabilität. Die Gelenke im Bein federn die Bewegung nach unten ab; dafür verändert sich der Winkel in den Gelenken ständig. Eine Umlenkung des ›selbsttätigen‹ Schenkels für eine Minimierung der Hilfen ist notwendig, so dass nicht mehr dauernd am Pferdebauch Impulse ankommen, die keine explizite Hilfe darstellen.
Die Hand wird aufrecht getragen; die Faust ist ohne Kraft geschlossen; der Oberarm hängt locker; das Ellbogengelenk federt Bewegung ab (Winkelveränderung). Eine Außenrotation im Arm mit hinten geschlossenen Achselhöhlen stabilisiert zusätzlich den Oberkörper.

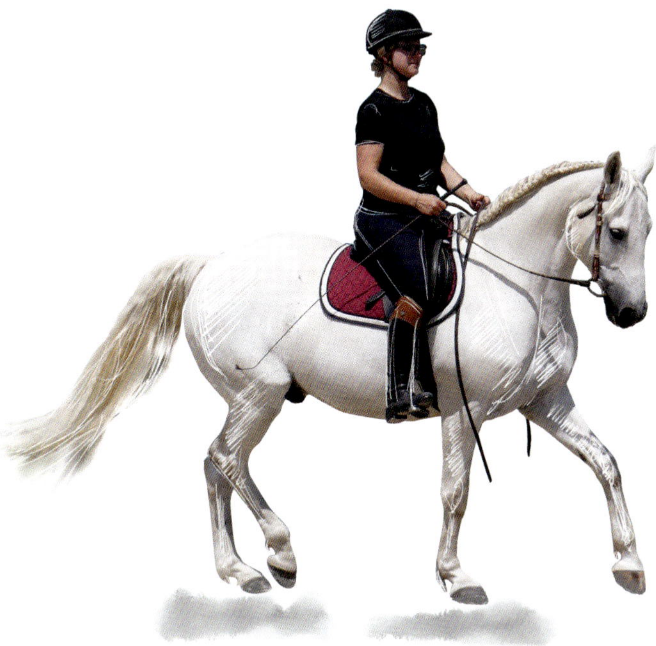

Aussitzen im Trab: Reiterin und Pferd befinden sich im Gleichgewicht, ohne eine Stütze beim jeweils anderen zu suchen.
Idealerweise wäre der Unterschenkel der Reiterin noch etwas entspannter und etwas weiter hinten.

Häufige Reiterfehler im Trab

- Gelenke im Arm oder Bein festgehalten.
- Klemmen mit dem Unterschenkel.
- Außenrotation im Bein, offene Knie, bohrender Absatz.
- Zu viel Druck im Bügel nach vorn, Becken zu unbeweglich (Bild Seite 20).
- Zu wenig Körperspannung. Oder falsche Spannung, die das Becken blockiert.
- Unruhige Unterschenkel oder Hände. (Keine Kontrolle der Impulse, die beim Pferd ankommen.)
- Gesäßknochen zeigen nicht mehr nach unten (verursacht durch Klammern, Rücklage, Hohlkreuz/Spaltsitz oder Rundrücken).
- Zu viel Spannung im Zügel. Starre Zügelverbindung (s. auch Gegensitzen+Gegenhalten).
- Wackelige Verbindung zum Pferdemaul (springender Zügel).

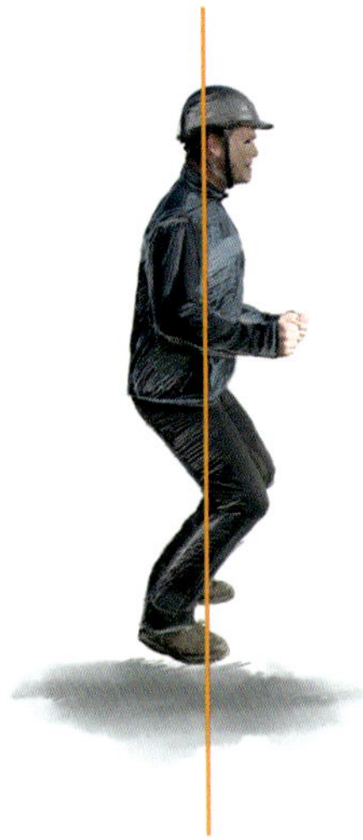

Stabile Haltung mit gebeugtem Knie und geradem Oberkörper.

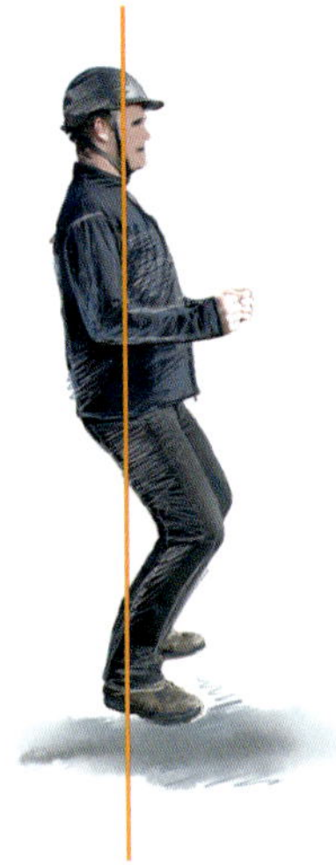

Instabile Haltung mit Rücklage. Der Reiter läuft Gefahr, nach hinten zu kippen.

Stabilität, Gleichgewicht und Energiesteuerung

Der Reiter braucht ausreichende Körperspannung, um Stabilität ins System zu bringen. Diese Stabilität darf er jedoch nicht durch Festhalten mit Arm oder Bein erzeugen.

Er muss seine einzelnen Körperteile so übereinander ausrichten, dass er im Gleichgewicht sitzen kann und sich nicht ›festklammern‹ muss. **Zieht man das Pferd unter dem Reiter weg, müsste er aufrecht stehen bleiben können, ohne nach vorne oder hinten wegzukippen.** Dazu nimmt er am besten eine Art ›Stehsitz‹ ein: mit gebeugtem Knie und isometrischer Spannung im Oberkörper. **Rücklage** sieht man recht häufig. Sie ist ein Zeichen mangelnden Gleichgewichts im System und führt häufig zu dem nicht zweckmäßigen dauerhaften **Gegenhalten und Gegensitzen**.

Oft sitzt der Reiter in Rücklage, wenn das Pferd ihn nicht sitzen lässt, häufig bei Trabverstärkungen. Damit weicht er der Rückenbewegung aus. In Rücklage schiebt er das Pferd jedoch auf die Schulter und beraubt sich der feinen Einwirkungsmöglichkeiten mit der Hand und über die Beckenstellung. Reiter und Pferd stützen sich dabei wie beim Tauziehen aneinander ab.

Trabt der Reiter mit Rücklage oder auch nur mit zurückgehaltener Schulter bzw. Hohlkreuz leicht, so nimmt er damit ständig Energie aus der Vorwärtsbewegung heraus. Er trabt praktisch mit angezogener Handbremse leicht.

Das Becken als universeller ›Bewegungsumwandler‹

Der tragfähige, losgelassene Pferderücken überträgt die Energie aus dem ›Motor‹ Hinterhand ungehindert nach vorne. Ein freier Rücken ermöglicht das Reiten mit ›Servolenkung‹. Der Rücken stellt zudem die wichtigste Verbindung (Schaltstelle) zum Reiter dar. Das Becken des Reiters muss die Bewegung des Pferderückens ›aufnehmen‹ und bei Bedarf durchleiten können. Es wirkt praktisch wie ein ›Bewegungsumwandler‹. Das Schwingen des Pferderückens darf nicht durch den Reiter behindert werden, wenn das Pferd vorwärtsgehen soll.
Treibende und verhaltende Impulse des Reiters müssen immer durch die passende Beckenstellung ergänzt werden.
Vorwärts: den Pferderücken freigeben, um die Energie durchzulassen (Becken steht senkrecht).
Bremsen: die Rückenbewegung hemmen oder blockieren, um Bewegung zu verhalten oder zu stoppen (Beckenkamm ist nach hinten gekippt). Das Prinzip des frei beweglichen Beckens gilt für jede Reitweise.

Beweglichkeit des Beckens im Trab

Die Gesäßknochen des Reiters werden abwechselnd rechts und links angehoben und nach vorn-unten abgesetzt. Alle Gelenke federn nach unten mit. Ein festgehaltenes Fußgelenk oder Knie kann bewirken, dass der Reiter nicht mehr sitzen kann.

Die negative Kraftspirale bei Gegensitzen und Gegenhalten

Freie Balance vs. Tauziehen: Pferd und Reiter dürfen sich nicht aneinander abstützen. Gibt der Reiter den Zügelkontakt auf, sollte das Pferd weder Takt noch Haltung verlieren.

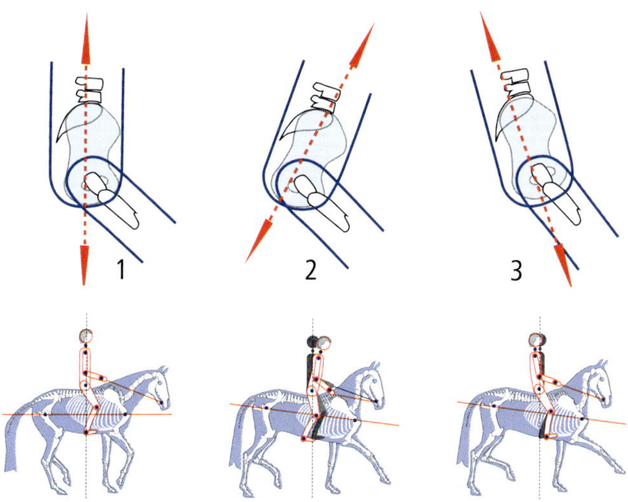

Stellung von Gesäßknochen (GK) und Beckenkamm (BK)
Richtig für das Sitzen ›in der Bewegung‹:
GK zeigen senkrecht nach unten, BK senkrecht nach oben (1)
Das Becken kann die Bewegungsimpulse aus dem Pferderücken aufnehmen und durchleiten.
Der Reiter sitzt unbeweglich im Hohlkreuz oder kippt mit dem Oberkörper nach vorn, die Vorhand wird belastet:
GK zeigen nach hinten, BK nach vorn, das Becken ist unbeweglich (2)
Der Rücken des Pferdes wird blockiert, das Pferd wird auf die Schulter geschoben:
GK zeigen nach vorne, BK nach hinten, das Becken ist unbeweglich (3)

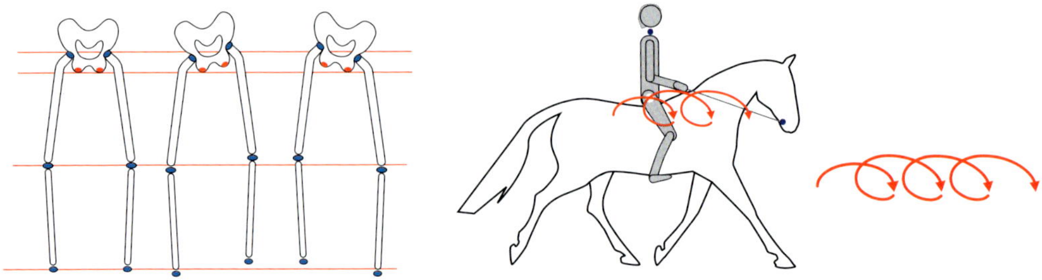

Beckenbewegung beim Aussitzen im Trab: Die Gesäßknochen des Reiters werden abwechselnd rechts und links angehoben und nach vorn-unten abgesetzt. Alle Gelenke federn nach unten mit.

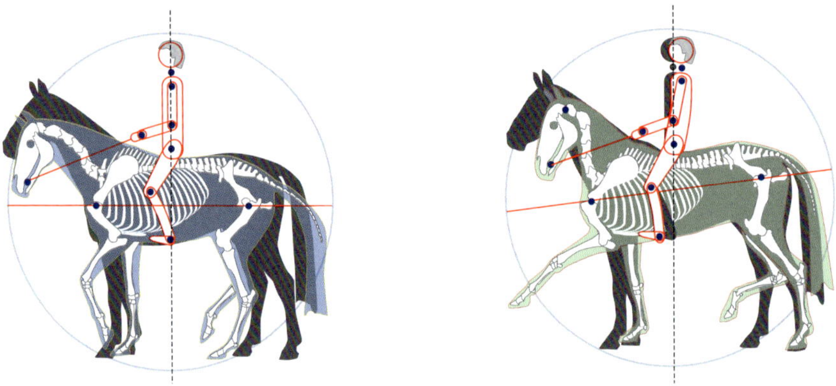

Wie man an der Energielinie auf dem rechten Bild sehen kann, bringt der Reiter das Pferd damit auf die Schulter. Der Hals des Pferdes verkürzt sich, die Tritte werden gespannt, im Trab geht meist die Parallelität der Beinpaare verloren.
Der Reiter würde nach hinten kippen, wenn das Pferd plötzlich verschwunden wäre. Insgesamt befinden sich die beiden Partner nicht im Gleichgewicht und in negativer (Ver)Spannung.
Auf dem linken Bild befindet sich das System im Gleichgewicht; beide Partner könnten ohne die Stütze es anderen auskommen.

Beides ist nicht gegeben, wenn das System Reiter plus Pferd unter falscher Dauerspannung gehalten wird, indem der Reiter mit gekipptem Becken und eventuell noch zurückgelegtem Oberkörper gegen die haltende Hand mit straffem Zügel ›schiebt‹. Auf den beiden Bildern Seite 31 oben sind solche verspannten Systeme zu sehen – 1:1 nachgezeichnet von Turnierbildern.

Sonderfälle mit anderen Kriterien:

Leichttraben und leichter Sitz

Leichttraben: die Bewegung des Pferdes aktiv steuern, statt nur zu nehmen, was das Pferd gibt. Es geht darum, den Rücken des Pferdes beim Leichttraben zu entlasten und gleichzeitig durch effektiven Einsatz der Energie vorwärts zu treiben. Daz bedarf es der richtigen ›Leichttrab-Mechanik‹:

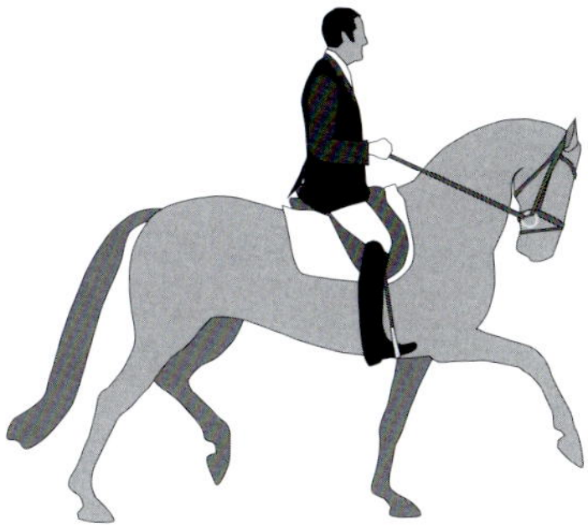

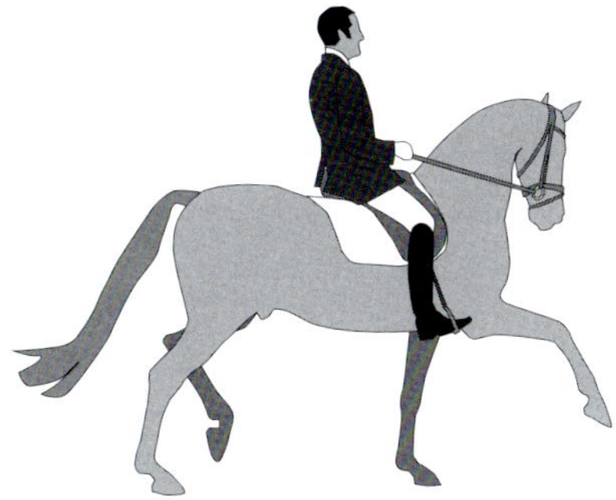

Handorientierte Einwirkung, vergleichbar mit dem Bild Seite 30 unten rechts: Die Haltung wird mit viel Kraft im Arm hergestellt; der Reiter hängt dem Pferd im Kreuz, das Bein ist zu weit vorne. Das Pferd geht ohne Rücken und die Diagonale stimmt nicht. (1:1 nachgezeichnete Bilder aus dem Turniersport.)

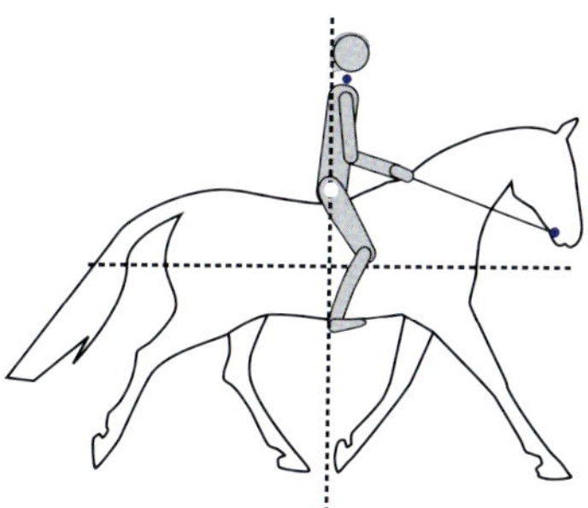

Einsitzen mit leicht aus der Hüfte vorgenommenem Oberkörper, um nicht hinter die Bewegung zu geraten.

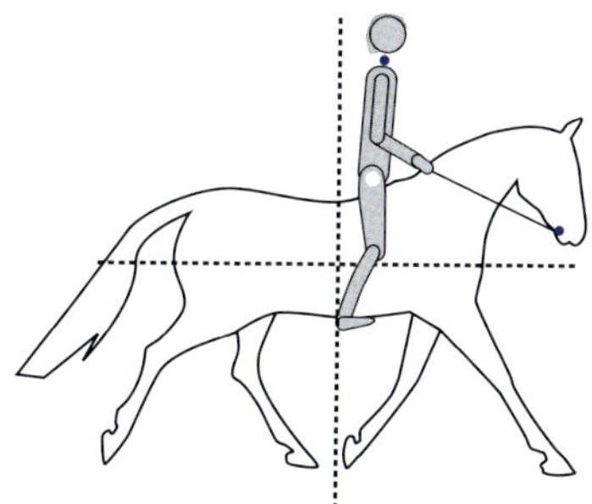

Aufstehen mit geöffnetem Hüftwinkel nach vorne-oben.

- Alle Körperseiten bleiben gleich lang.
- Der Oberkörper bleibt in sich gerade.
- Die Schultern bleiben über dem Becken.
- Die Unterschenkel rühren sich nicht von der Stelle.
- Der Hüftwinkel wird beim Aufstehen nach vorn-oben ganz geöffnet.
- Beim Hinsetzen bleibt der Reiter leicht vor der Senkrechten.
- Möglichst wenig Druck im Bügel.
- Aus dem Knie aufstehen.
- Der Reiter sollte sich beim Aufstehen vorstellen, den Pferderücken mit nach vorn-oben zu ziehen; das hat treibende Wirkung über die ›Energierichtung‹.

Häufig sieht man Reiter, die den Pferderücken beim Einsitzen stark belasten, mit dem Oberkörper hinter die Senkrechte geraten oder ihn zu weit nach vorne hängen. Andere fallen beim Aufstehen ins Hohlkreuz, indem sie die Schultern hinten lassen und nur den Brustkorb nach vorne drücken. Oder sie benutzen den Bügel wie eine Trittleiter, um sich aus dem Bügel hochzudrücken. Damit behindern sie die Energieentwicklung, stören das Pferd im Rücken und kippen selbst aus dem Gleichgewicht. Auch ein ständiges, treibend gedachtes Zudrücken des Schenkels im Takt hat keine treibende Wirkung, sondern eher eine abstumpfende.

Schafft es der Reiter, das Aufstehen aktiv zu gestalten und sich beim Einsitzen über Knie, Fußgelenk und Beckenwinkel auszubalancieren, wie auch im leichten Sitz, so kann er den Pferderücken optimal entlasten und treibt durch das aktive Aufstehen mit der Idee ›Energie nach vorn-oben‹ das Pferd effektiver, als er das mit dem Unterschenkel könnte.

Bilder zur Blickschulung: Leichttraben und leichter Sitz im Trab

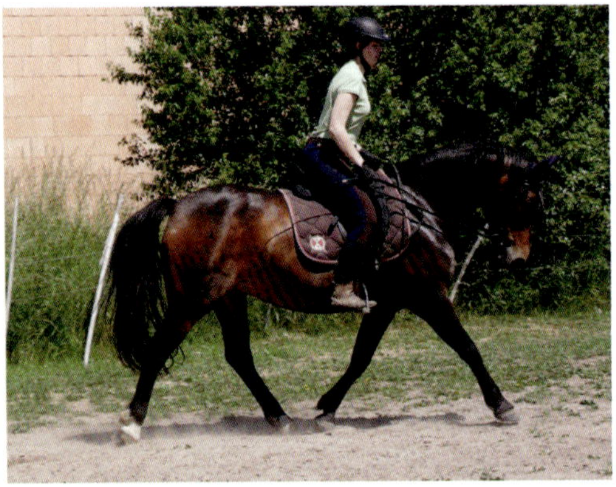

Leichttraben mit wenig Präsenz: Hand ist zu tief und behindert das Öffnen des Hüftwinkels. Der Oberkörper ist zu weit vorne. Der Unterschenkel liegt allerdings gut. Das Pferd ist etwas zu eng im Hals, jedoch ansonsten okay.

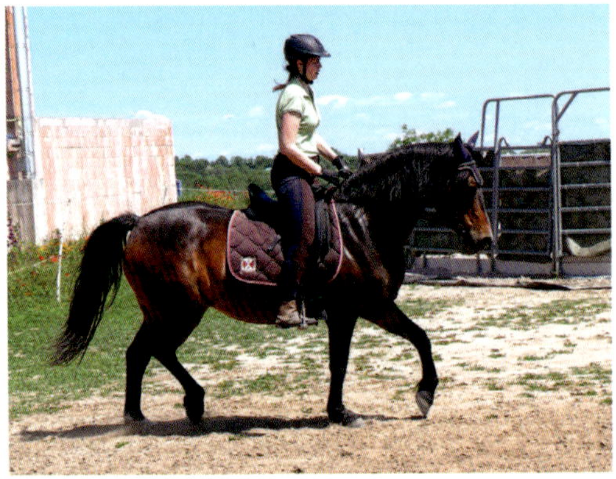

Leichttraben im Gleichgewicht mit guter Präsenz: Hand getragen, Hüftwinkel ganz offen mit guter Energieentwicklung nach vorn-oben. Das Pferd trägt den Hals und ist frei in der Schulter.

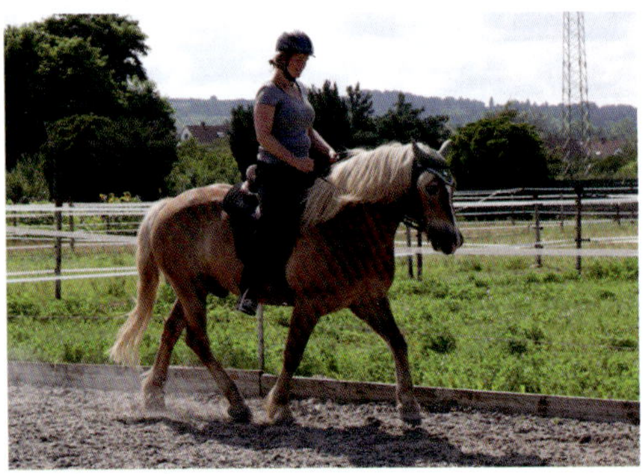

Leichttraben mit guter Haltung und Energieentwicklung von Pferd und Reiterin. Das Herunterschauen auf den Hals des Pferdes nimmt allerdings Energie heraus.

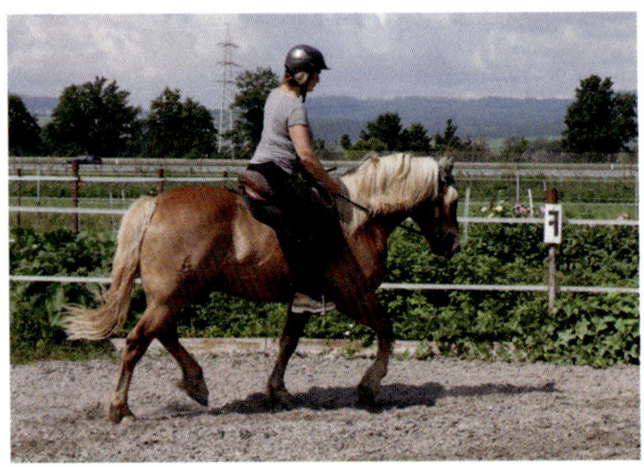

Gutes Leichttraben locker und im Gleichgewicht, in der Einsitzphase mit leicht vorgenommenem Oberkörper.

Aktives Aufstehen kann man hervorragend auf dem stehenden Pferd üben: Mit der Vorstellung ›Becken über den Vorderzwiesel vom Sattel und dann in der Balance oben bleiben‹ kann man die richtige Energieentwicklung ausprobieren.
Im Trab kann man **asymmetrisches Leichttraben** üben: 3–4 Takte leichter Sitz, dann wieder ›normales‹ Leichttraben im Wechsel.

Asymmetrisches Leichttraben und bisweilen auch leichter Sitz über längere Zeit schulen das Gefühl für Balance und sollten immer wieder eingeschoben werden, wenn die Gefahr besteht, dass Hände oder Knie zum Festhalten benutzt werden. Zudem kann das Trainieren des leichten Sitz es im Trab dabei helfen, den korrekten, stabilen leichten Sitz im Galopp zu erlernen.

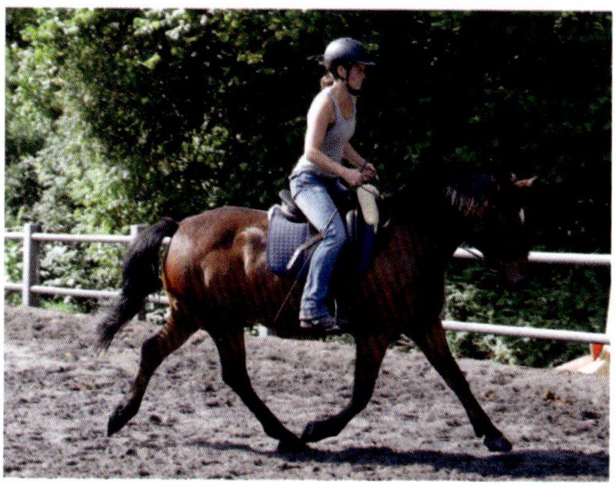

Leichttraben im Gleichgewicht, jedoch mit wenig Präsenz der Reiterin: Hand korrekt getragen, Oberkörper in der Einsitzphase gut vorne. Pferd in guter Haltung mit positiver Diagonale.

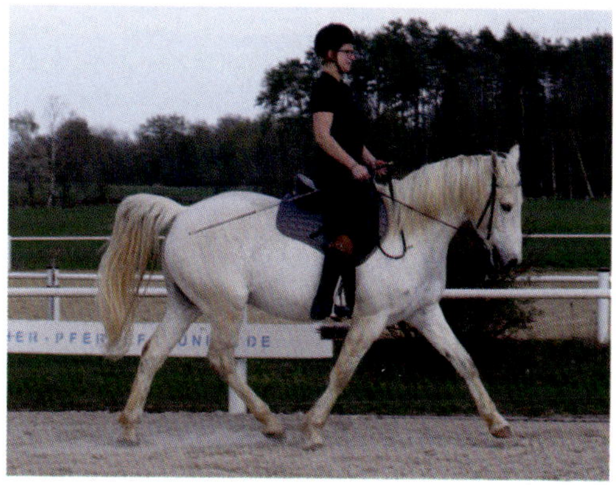

Leichttraben im Gleichgewicht mit guter Präsenz und Kontrolle: Hand korrekt getragen, Oberkörper beim Aufstehen gerade. Pferd in funktioneller Haltung.

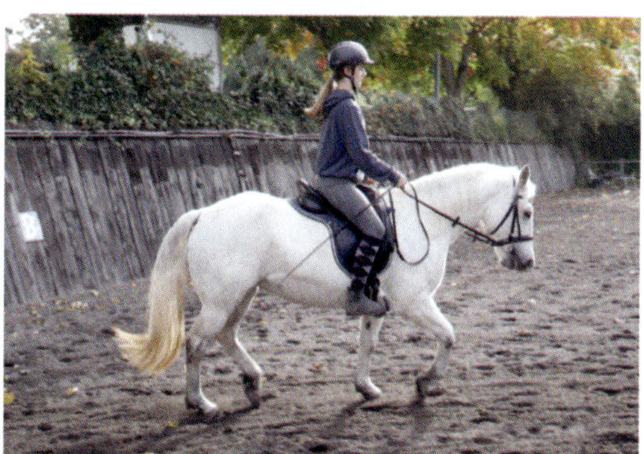

Einsitzphase des Leichttrabens mit richtigerweise leicht vorgeneigtem Oberkörper. Die Haltung der Reiterin ist weitgehend korrekt, die Hand getragen. Nur die verspannte Schulter blockiert etwas die Energieentwicklung nach vorne.

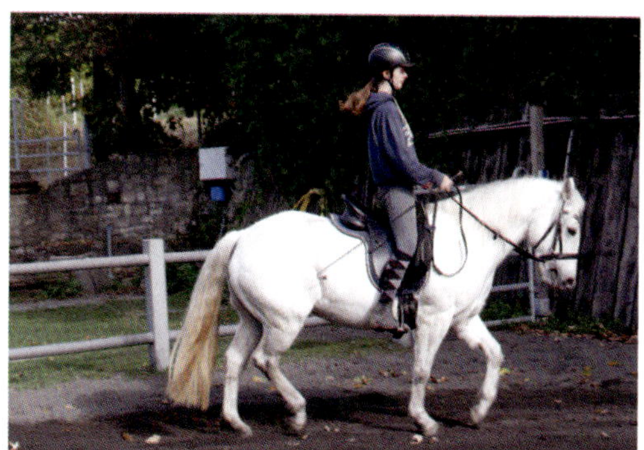

Aufstehphase des Leichttrabens im Gleichgewicht mit frei getragener Hand. Auch hier könnte die Schulter noch ein wenig mehr in die Bewegung mitgenommen werden. Das Bein ist in leichter (falscher) Außenrotation.

Die Gelenke und ihre Bedeutung für die Losgelassenheit

Bügellänge und Zügellänge, Einwirkung mit Hand und Bein und die Auswirkungen auf den Sitz und die Losgelassenheit

Die Funktion des Bügels

Der Bügel hat in verschiedenen Reitweisen durchaus unterschiedliche Funktionen. Beim Springen und im leichten Sitz ermöglicht der kurze Bügel dem Reiter, den Pferderücken optimal zu entlasten. Dabei steht der Reiter jedoch nicht einfach im Bügel, sondern balanciert sich über das Öffnen und Schließen von Hüft-, Knie- und Fußgelenkswinkel immer wieder neu aus.

In den Arbeitsreitweisen dient der Bügel den Rei-

Bilder zur Blickschulung: Leichttraben und leichter Sitz im Trab

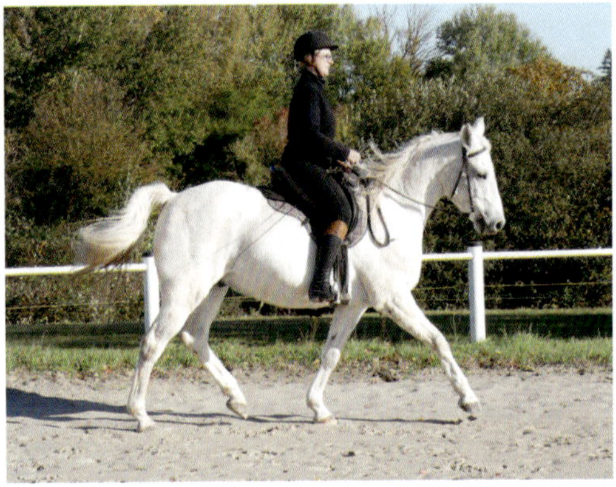

Einsitzphase des Leichttrabens: Pferd und Reiterin in korrekter Haltung. Einzig das zurückgenommene Kinn bringt falsche Spannung ins System und blockiert etwas die Energie.

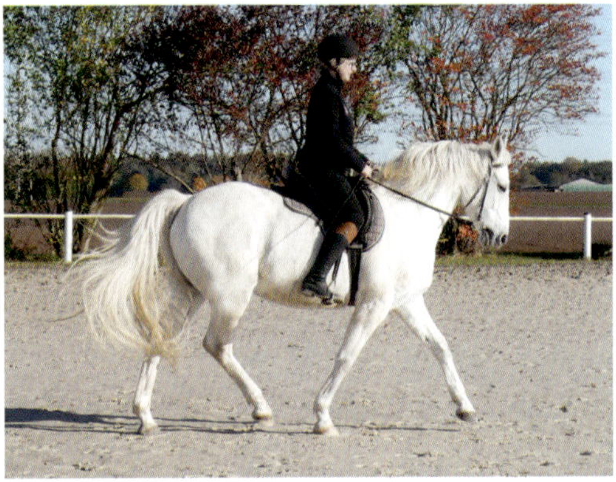

Einsitzphase des Leichttrabens bei der Arbeit in leichter Außenstellung: Pferd und Reiterin sind gut im Gleichgewicht. Das Kinn ist hier deutlich entspannter als auf dem linken Bild.

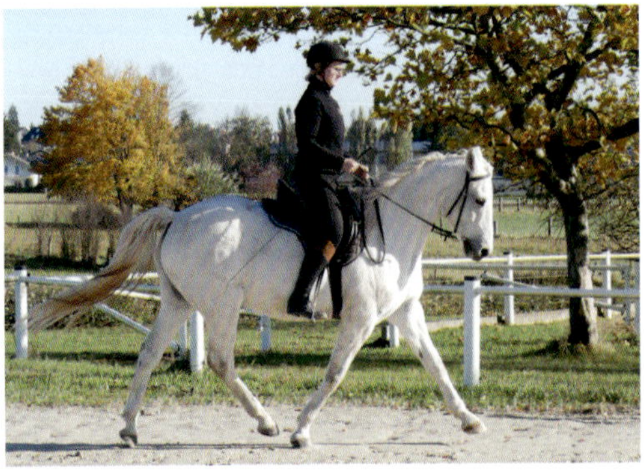

Aufstehphase des Leichttrabens im Gleichgewicht, mit guter Kontrolle und Energiesteuerung. Aufstehen aus dem Knie ohne viel Druck im Bügel.

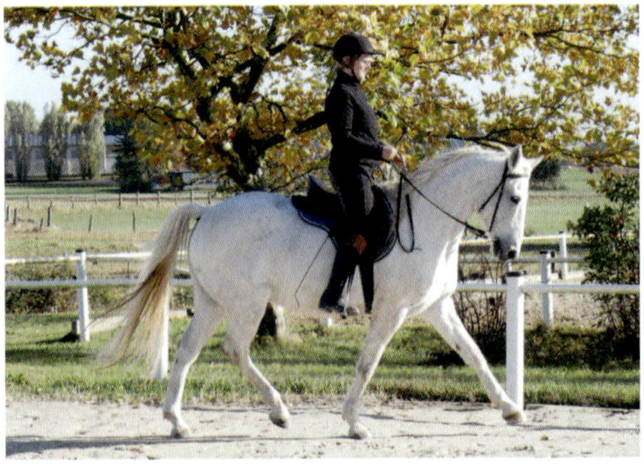

Fast die gleiche Phase wie links: Hier ist eine minimal nach hinten genommene Schulter und ein leichtes Einziehen des Kinns zu sehen. Das Pferd wird etwas enger im Hals.

tern dazu, sich abzustützen, wenn ein Pferd in der Herdenarbeit schnelle Richtungswechsel ausführt.

In der dressurmäßigen Arbeit ist es jedoch kontraproduktiv, sich im Bügel abzustützen, weil der Reiter damit seine Gelenke im Bein und in der Folge sein Becken blockiert. Indem er Druck nach vorne oder unten in den Bügel gibt, hebelt er sich aus dem korrekten Sitz heraus. Prinzipiell dient der Bügel nur als Widerlager für das Nach-unten-Federn im Fußgelenk.

Den tiefen Absatz macht das Pferd

»Absatz tief«, hört man immer noch in vielen Reitstunden. Drückt jedoch der Reiter seinen Absatz aktiv herunter, wird er seine Federung im

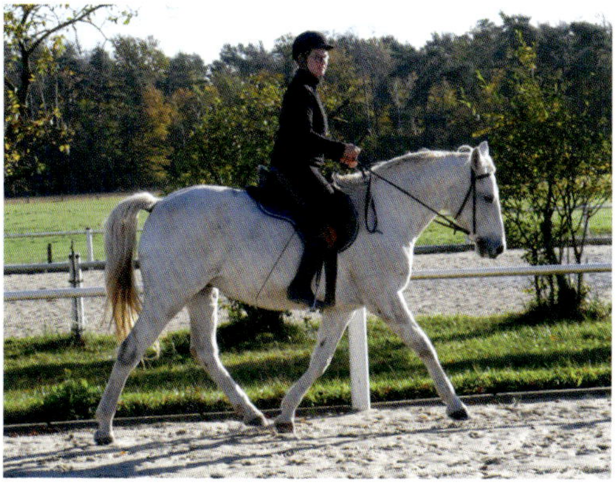

Einsitzphase des Leichttrabens. Die Kopfdrehung leitet ein Abwenden ein, die innere Hand wird entspannt getragen. Das Pferd dehnt die Oberlinie, ohne auf die Vorhand zu fallen.

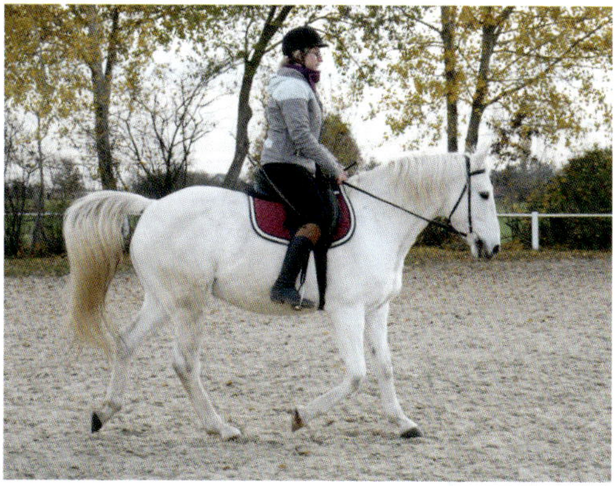

Leichttraben ohne Energie: Das Pferd fällt auf die Vorhand und überlastet die Schulter. Hier müsste die Hinterhand aktiviert und die Schulter des Pferdes angehoben werden.

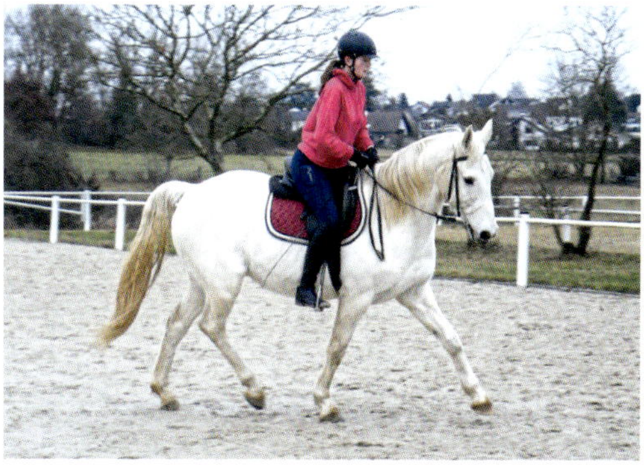

Leichter Sitz im Trab: Der Oberkörper der Reiterin ist noch etwas zu weit vorne. In der Schulter ist zu viel Spannung, da die Balance noch nicht stimmt.

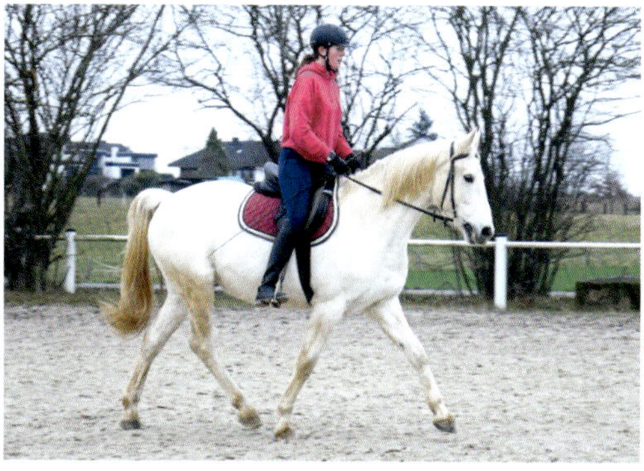

Hier stimmt die Balance; der Oberarm fällt, die Schulter wird mit in die Bewegung nach vorn genommen, die Hand ist getragen. Das Pferd könnte etwas mehr im Genick nachgeben.

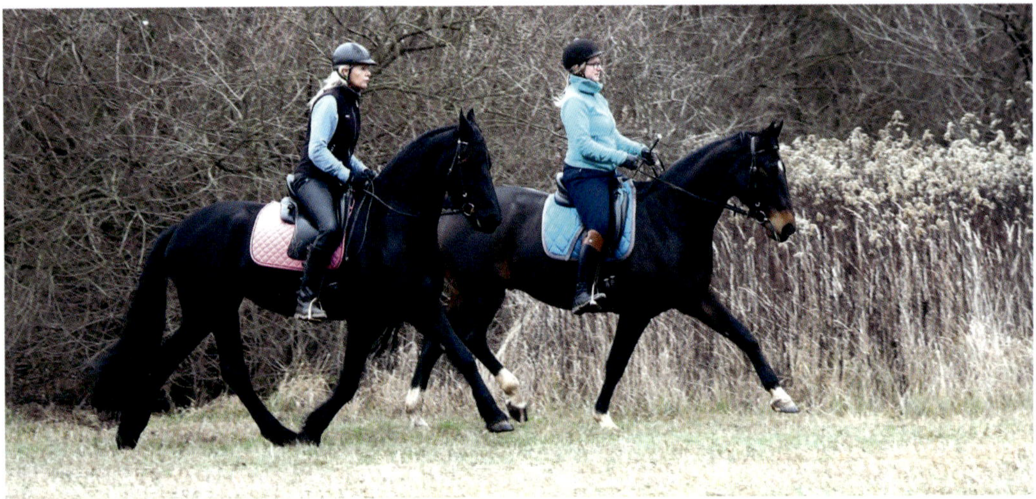

Die Reiterin vorne hat ein entspanntes Fußgelenk und steht aus dem Knie auf beim Leichttraben. Die hintere Reiterin gibt zu viel Druck in den Bügel und blockiert so die Federung im gesamten Bein bis hin zum Becken.

Bein blockieren, in der Folge schlecht sitzen können und den Bügel verlieren. Der korrekte tiefe Absatz entsteht von allein, wenn das Pferd den Gesäßknochen des Reiters nach unten bewegt und das ganze Bein samt Absatz diese Bewegung nach unten mitmacht. Nur in dieser Phase ist der Absatz wirklich tief, ansonsten eher waagerecht.

Die korrekte Bügellänge

Der Bügel muss so eingestellt sein, dass der Reiter sein Bein frei hängen lassen kann, ohne mit der Fußspitze nach dem Bügel zu angeln oder das Knie hochzuziehen. Der zu lange Bügel lässt keine Federung zu und setzt den Reiter in den Spaltsitz, der zu kurze Bügel führt zum Stuhlsitz. Um ein korrektes Leichttraben zu ermöglichen, ist oft ein 1–2 Loch kürzerer Bügel als fürs Aussitzen notwendig.

Ohne Bügel: Fußspitze anheben (nicht Absatz herunterdrücken)

Das Reiten ohne Bügel ist dann sinnvoll, wenn der Reiter lernen soll, das Bein entspannt hängen zu lassen und im Becken zu fühlen, wie ihn das Pferd ›**mitbewegt**‹. Um etwas mehr Stabilität ins Bein zu bekommen kann der Reiter leicht die Fußspitze anheben. Das ist eine andere Grundidee, als die des Absatz-Herunterdrückens.
Das früher gern praktizierte Leichttraben ohne Bügel ist nicht zu empfehlen, weil es zum falschen Klemmen mit Knie oder Oberschenkel führt.

Federung in den Gelenken

Das Pferd bewegt den Reiter – der Reiter muss sich mitbewegen lassen. Dazu muss die Bewegungsmuskulatur losgelassen sein: Alle Gelenke

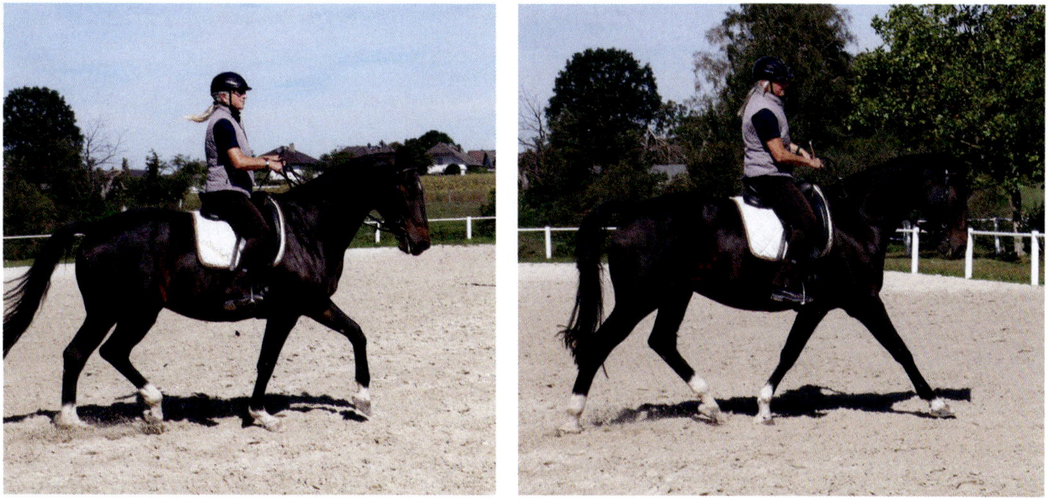

Den tiefen Absatz macht das Pferd, nicht der Reiter: 2 Phasen der Federung - links in der nach unten gefederten Stellung, rechts in der entspannten Waagerechten.

im Reiterkörper (d.h. in Armen und Beinen) müssen federn. Dazu müssen sie im Normalfall in der entspannten Mittelstellung stehen. Das gesamte Bein macht die wechselseitige Auf- und Abbewegung des Pferderückens mit.

Der tiefe Absatz entsteht, indem der Reiter es zulässt, dass der Absatz federt. Er darf ihn nicht herunterdrücken. Den tiefen Absatz macht das Pferd, nicht der Reiter. Und der tiefe Absatz ist nicht dauerhaft tief.

Der losgelassene, gewinkelte Ellbogen sorgt für eine gleichmäßige Verbindung der Reiterhand zum Pferdemaul.

Auch das Pferd muss seine Gelenke federnd bewegen und darf keines davon festhalten. Zu den Gelenken zählt das Genick; es darf nicht in einer Stellung ›einrasten‹, weil sich dies negativ auf die Rückenbewegung des Pferdes auswirkt.

Losgelassenheit bedeutet losgelassene Gelenke

Eine der größten Schwierigkeiten beim Reiten besteht darin, den ›Spagat‹ zu beherrschen zwischen richtiger Körperspannung (verbunden mit Innenrotation im Bein und Außenrotation im Arm) und Losgelassenheit in den Gelenken der Peripherie und im Becken. Korrekte Körperspannung darf sich nie auf die Beweglichkeit des Beckens und der Gelenke in Arm und Bein auswirken. Dauerhafte Spannung in der Bewegungsmuskulatur ist immer falsche Verspannung. Und Verspannung des Reiters hat Verspannung des Pferdes zur Folge.

Festgehaltene Gelenke in Arm und Bein des Reiters sowie im Kiefer- und Okzipitalgelenk

- beeinträchtigen die Losgelassenheit.
- blockieren das Becken des Reiters.

- verhindern sensiblen Kontakt zum Pferd und präzise Hilfen.
- behindern die Rückenbewegung des Pferdes.
- Zusammengebissene Zähne reichen schon, um negative Spannung ins System zu bekommen (starres Genick, vgl. halsstarrig).

Festgehaltene Gelenke im Pferdekörper (Beine, Genick, Kiefer)

- beeinträchtigen die Losgelassenheit.
- stören den Takt.
- blockieren den Rücken.
- lassen das Pferd ›hart im Maul‹ werden (starre Anlehnung).
- Zusammengebissene Zähne und starres Genick des Pferdes führen dazu, dass der Reiter nicht sitzen kann.

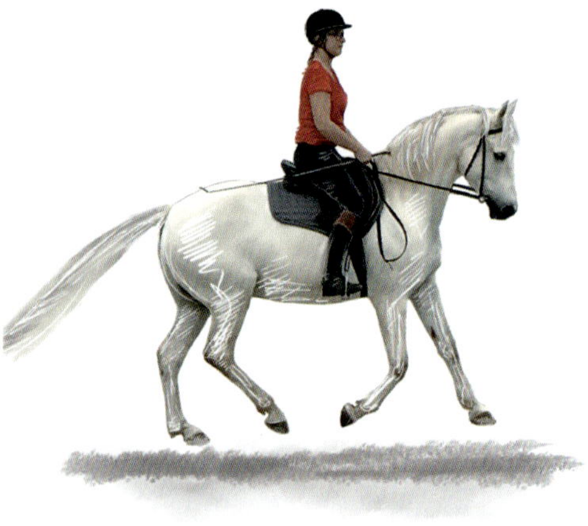

An der waagerechten Gerte erkennt man falsche Spannung in Hand und Arm – hier ein blockiertes, nach unten abgeknicktes Handgelenk. Das macht die Einwirkung mit der Hand unpräzise und starr und wirkt sich bis ins Becken aus.

Die häufigsten Fehler, die zu Gelenk- und Beckenblockaden und mangelnder Losgelassenheit bei Pferd und Reiter führen:

Heraushebeln: Gibt der Reiter zu viel Druck nach vorn in den Bügel, versteift er die Gelenke im Bein und hebelt sich nach hinten aus dem stabilen Gleichgewichtssitz heraus. Die Gesäßknochen zeigen nicht mehr senkrecht nach unten. Die Verbindung zum Pferderücken ist gestört.

Absatz aktiv herunterdrücken: blockiert das Fußgelenk und die Federung aller Gelenke im Bein und schließlich das Becken.

Klammern oder Knie bzw. Absatz hochziehen: Becken kippt in die blockierende Stellung.

Arm ausstrecken: blockiert den Ellbogen und lässt die gleichseitige Schulter nach vorn fallen. Der Ellbogen als wichtigstes Gelenk im Arm muss frei beweglich sein. Durch Öffnen und Schließen des Ellbogenwinkels wird der weiche Kontakt zum Maul gehalten.

Hand dauerhaft eindrehen: bringt den Reiter ins Beugemuster mit gekipptem Becken.

Faust dauerhaft mit Kraft schließen: blockiert die Ellbogenbeweglichkeit und macht die Verbindung zum Pferdemaul hart.

Einknicken in der Hüfte: Schon allein das Schräglegen des Kopfes ist der Beginn des Einknickens und Schiefsitzens, was in der Folge zu einseitigen Steifheiten in den Gelenken führt.

Herunterschauen: Der Reiter kommt ins Beugemuster, das Becken kippt.

Nacken überstrecken: Ein überzogenes Anheben des Kinns bringt den Reiter ins Hohlkreuz.

Kinn einziehen: Auch ein nach hinten gezogenes Kinn bringt zu viel Spannung in den Nacken und in den Arm des Reiters und wirkt sich bis ins Becken aus.

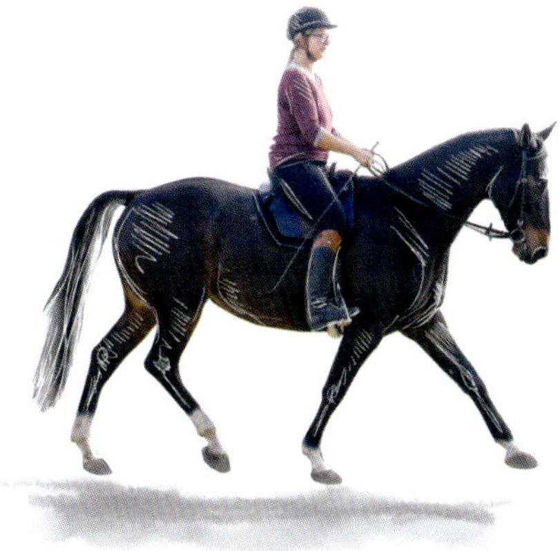

Statt das gesamte Bein in die Innenrotation zu bringen, versucht die Reiterin hier, aus dem Fußgelenk heraus eine parallele Stellung des Fußes zum Pferdekörper zu erreichen, versteift dabei das Bein und hebelt sich aus dem Sitz heraus.

Kleine Ursache – große Wirkung

Ein blockiertes Fuß- oder Kniegelenk (z.B. durch hochgezogenen Absatz oder zu viel Druck im Bügel) hat direkte Auswirkungen auf die Beweglichkeit des Beckens. Findet in Fuß- und Kniegelenk keine Federung mehr statt, so wird das Bein steif und das Becken muss vermehrt arbeiten, um die Bewegungen des Pferderückens aufzunehmen; bei Pferden mit viel Rückenbewegung schafft es das mitunter nicht.

Falsche Spannung im Bein entsteht oft aus einer falschen Idee der Innenrotation. Häufig wird nur die Fußspitze zum Pferd gedreht, statt die gesamte Muskelkette im Bein zu aktivieren. Oder das Knie wird dauerhaft ›zugemacht‹ – im Besteben, mehr Stabilität zu erreichen. Das Zudrücken des Knies hemmt jedoch Bewegung und ist nur für ein kurzes Innehalten in der Bewegung sinnvoll – die Parade.

Zügelkontrolle und Funktion des Zügels

Der Zügel ist nicht zum Bremsen oder Festhalten da. Er dient vorrangig dazu, kurzfristig korrigierend auf die Haltung des Pferdes einzuwirken und das Genick des Pferdes weich und beweglich zu halten. Für Tempo- und Richtungskontrolle ist der Zügel nur in seiner stellenden Funktion und mit impulsartigem Einsatz eingeschränkt nutzbar. Jede Art von dauerhaftem Festhalten und Rückwärtsziehen bringt das Pferd dazu, sich gegen den Zügel zu wehren, die Zähne zusammenzubeißen und das Genick zu versteifen – was sich direkt negativ auf die Rückentätigkeit und die Bewegungsqualität im System auswirkt.

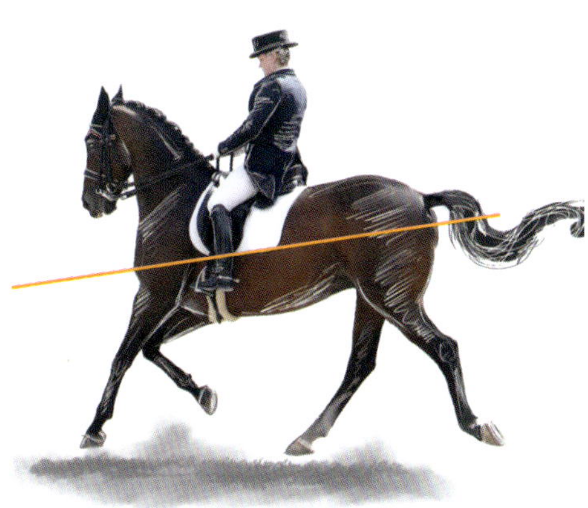

In dieser Karikatur eines Mitteltrabs wird der Zügel festhaltend und ziehend eingesetzt. Schulterfreiheit und Bewegungsmöglichkeiten des Pferdes sind stark beeinträchtigt. Statt nach oben ausgerichtet mit freier Halshaltung läuft das Pferd mit verklemmtem Hals und heruntergedrückter Schulter ›in den Boden‹.

Ein angenommener Zügel muss schnell wieder nachgeben, wenn er seinen Zweck als Hilfe erfüllt hat. So wird das Pferd durch Nachlassen des Drucks in seiner Reaktion bestätigt. Es muss ›etwas davon haben‹, dass es willig reagiert.

Grob- und Feinsteuerung mit dem Zügel

Die Grobsteuerung erfolgt aus dem Ellbogen: durch Bewegen des gesamten Unterarmes zur Seite oder nach oben.

Die Feinsteuerung erfolgt aus der Hand: durch leichtes Öffnen oder stärkeres Schließen der Zügelfaust. Muss der Reiter **gegenhalten**, so tut er dies kurz aus dem stabilen (senkrecht bleibenden) Oberkörper durch Versteifen des ganzen Arms über das feste Schließen der Faust. Er greift dabei auf die Körperspannung zurück, ohne den Oberkörper durch Zurücklehnen als Hebel einzusetzen.

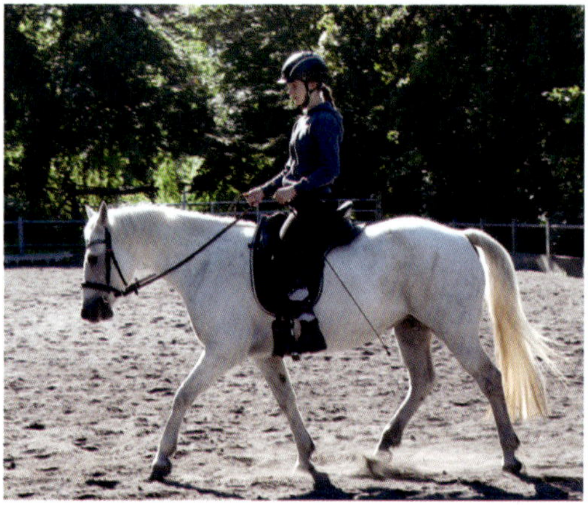

Die unabhängig getragene Hand: Lässt man Reiter einhändig reiten, tragen sie meist von allein die Hand richtig.

Die ›unabhängige‹ Hand – handlungsfähig bleiben

Der Reiter muss die Hände unabhängig voneinander bewegen, denn der innere Zügel hat andere Aufgaben als der äußere. Und vor allem, darf er das Nachgeben nicht vergessen!

Sinnvollerweise bleiben alle Gelenke im Arm in einer entspannten Mittelposition: Handgelenk gerade, Ellbogen gewinkelt, Faust aufrecht und ohne Kraft geschlossen, Daumen dachförmig oben. In dieser Position kann der Reiter die Hand ausbalanciert vor sich hertragen und bei Bedarf durch unterschiedlich starkes Schließen der Faust schnell die Spannung verändern.

Bei einer feinen Zügelverbindung reicht es, wenn der Reiter für eine Parade die Hand etwas zudrückt, als ob er einen kleinen Schwamm ausdrückt.

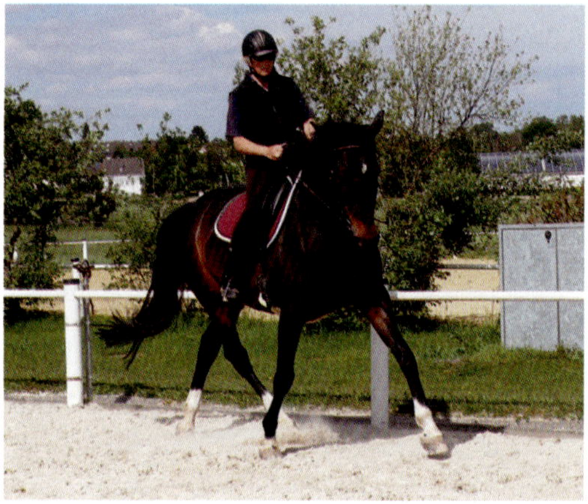

Getragene Hand im Schulterherein. Die innere Hand bleibt vorne; sie darf nicht nach hinten wirken. Das Handgelenk bleibt gerade, der Arm ist in der Außenrotation.

Das oft empfohlene Eindrehen der Hand für eine Parade ist problematisch, weil es den gesamten Arm in die falsche Innenrotation bringt und meist nicht mehr zurückgenommen wird.

Korrekturhaltungen

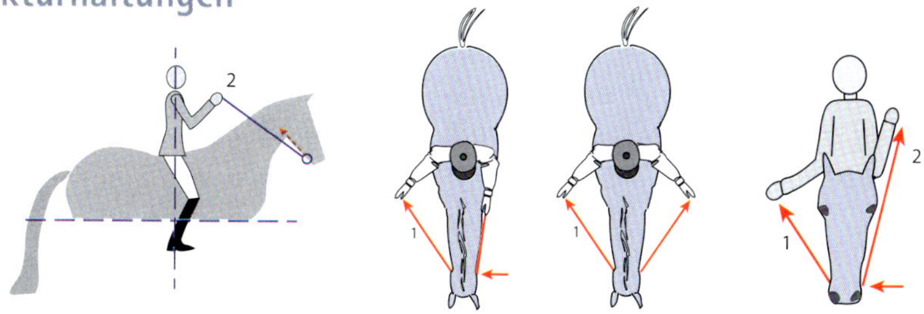

Bild A Bild B Bild C Bild D

Die hohe Hand: wird eingesetzt, um das Pferd dazu zu bringen, im Genick nachzugeben. Der Zügel wirkt aufwärts Richtung Maulwinkel und Ohr des Pferdes (Bilder A und D2). Oft ist es nur der innere Zügel, der aufwärts geführt wird, bisweilen kann diese ›Aufwärtsparade‹ auch mit beiden Händen ausgeführt werden. Der Ellbogen bleibt dabei eher nah am Reiterkörper. Der Zügel wird nach Bedarf etwas verkürzt.

Hände auseinanderziehen: Die ›weite Führung‹ hilft dabei, den Pferdehals besser ›zwischen den beiden Zügeln‹ zu halten. Ausweichmanöver des Pferdes wie z.B. ›Hals hochdrücken‹ (über dem Zügel) sind damit schneller zu korrigieren. Junge Pferde werden deswegen grundsätzlich mit weiter auseinander stehender Hand geritten. Dabei bleibt der Ellbogen locker am Körper; nur der Unterarm wird seitwärts bewegt. Der Reiter verstärkt dabei die Außenrotation im Arm und wird stabiler im Oberkörper. Es geht darum, einen Kontakt zum Pferd möglichst schnell wieder herzustellen – ohne dabei mit der Hand nach hinten zu wirken (Bild C). Langfristig muss dann die Zügellänge angepasst werden.

Die öffnende Zügelhilfe zeigt dem Pferd den Weg in die Wendung und stellt es im Genick (Bild B und D1). Der innere Unterarm zeigt zur Seite; der Ellbogen bleibt am Körper. Die führende Hand sollte neben der Seitwärtswirkung auch eher Aufwärtstendenz haben.

Achtung: Ziehen Sie nie den Hals in die Wendung hinein!

Sinnvoller ist es, nur über Spannungsveränderung durch ›Schwämmchen ausdrücken‹ zu arbeiten, das Handgelenk langfristig gerade und entspannt zu lassen und mit Veränderung der Zügellänge oder kurzfristigem ›Weitstellen‹ der Hände zu arbeiten.

Korrekturhaltungen der Hand: Veränderung der Wirk-Richtung des Zügels

Zur Korrektur und bei Schwierigkeiten mit der Zügelverbindung können Korrekturhaltungen der Hände eingesetzt werden. Ein Rückwärtsziehen am Zügel und eine damit verbundene Abwehrreaktion des Pferdes wird so vermieden.

Korrekturhaltungen der Hand erfolgen vorübergehend und möglichst kurz. Alle Hand- und Zügelhaltungen, die von der Normalposition abweichen, sind nicht für eine dauerhafte Einwirkung gedacht. Sobald ihr Zweck erfüllt ist, muss die Hand wieder ›normal‹ getragen werden.

Falsche Zügeleinwirkung

Die falsche Benutzung des Zügels bringt Pferd und Reiter aus dem Gleichgewicht und lässt keine feine Verbindung zu.

Wirkt der Zügel in die falsche Richtung, so stimmt die Balance im System nicht mehr: Der Reiter sitzt nicht mehr mittig im Sattel, knickt in der Hüfte ein, kippt das Becken; das Pferd nimmt in der Folge diverse Fehlhaltungen ein.

Innerer und äußerer Zügel haben unterschiedliche Aufgaben

Im Prinzip kann man die Zügeleinwirkung ganz kurz zusammenfassen: **Der äußere Zügel kontrolliert, der innere stellt und zeigt die Richtung an.**

Der äußere Zügel verhindert, dass das Pferd über die äußere Schulter ausweicht und aus der Wendung herausdrängelt. Er kontrolliert die Nachgiebigkeit im Genick und hält die Hauptverbindung zum Pferdemaul, wird jedoch nicht starr haltend eingesetzt, sondern wie ein Gummiband.

Fehlerhafte Einwirkung mit dem Zügel

Einen Zügel diagonal über den Mähnenkamm ziehen: macht Pferd und Reiter schief **(B)**. Das passiert meistens, wenn der innere Zügel zu lang ist; manche setzen diese diagonale Wirkrichtung auch fälschlich als Korrektur ein (die richtige Korrektur mit hoher Hand wirkt jedoch immer auf der gleichseitigen Halsseite).

Den inneren (oder beide) Zügel nach hinten ziehen (C). Der Reiter ›zieht sich die Hände in den Bauch‹ und weicht seiner eigenen Hand aus. Dabei fällt er zusammen und wird instabil, der Beckenkamm kippt nach hinten und blockiert die Beckenbeweglichkeit, ein Sitzen in der Bewegung ist nicht möglich. Bei einseitigem Ziehen in der Wendung verdreht sich der Reiteroberkörper und bringt den falschen Gesäßknochen nach vorn.

Hand herunterdrücken (D): Durch den steifen Arm (Ellbogen blockiert) wird die Verbindung zum Pferdemaul extrem unsensibel und starr. Der Reiter kippt nach vorne aus dem Gleichgewicht (fällt oft dabei ins Hohlkreuz) und das Becken steht nicht mehr senkrecht.

Ziehen am Zügel mit ausgestrecktem Arm und Rücklage (E): Der Reiter versucht, ›alles mit der Hand und mit Kraft im Arm zu regeln‹. Das Pferd liegt auf der Hand bzw. geht dagegen, der Reiter verliert die Haltung und schiebt das Pferd auf die Schulter.

Riegeln: Diese mechanische Rechts-Links-Sägebewegung am Zügel sieht man in letzter Zeit glücklicherweise seltener. Sie bringt das Pferd nur dazu, der Zügeleinwirkung auszuweichen. Eine reelle und feine Verbindung kann nicht hergestellt werden.

Bild A – korrekt getragene Hand

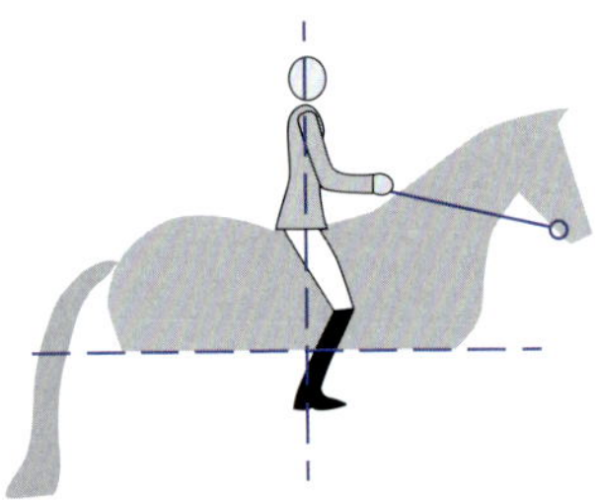

Bild B – Zügel diagonal über den Hals ziehen

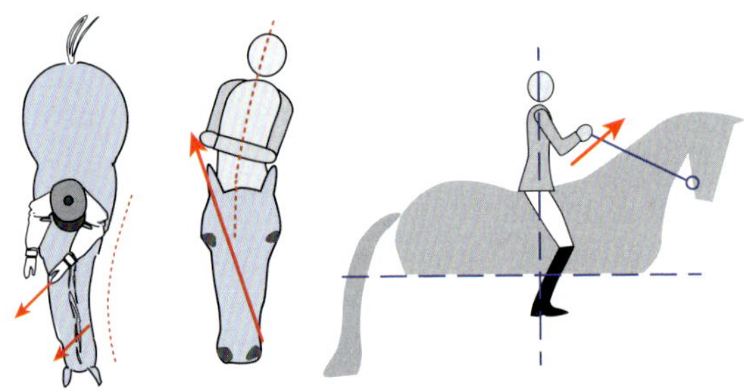

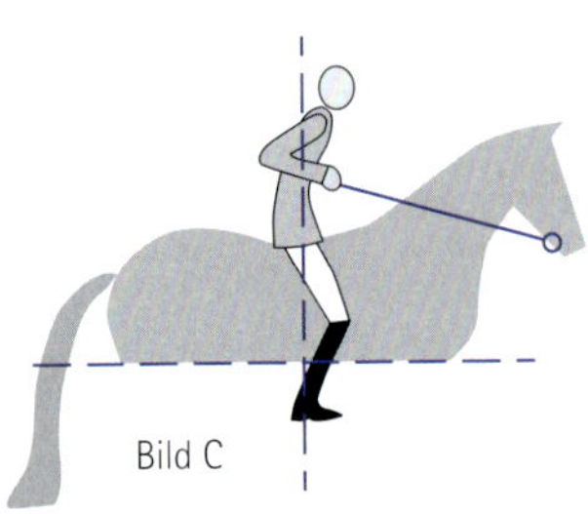

Bild C

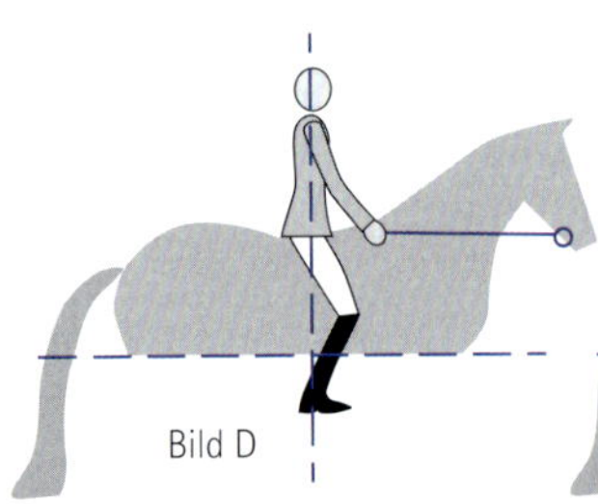

Bild D

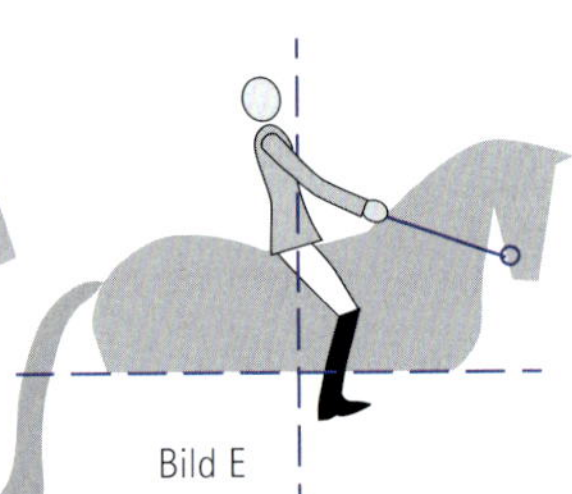

Bild E

Der innere Zügel ist nur für die Stellung zuständig. Er wird seitwärts-führend und eher vorne eingesetzt.
Speziell der innere Zügel darf nicht rückwärts wirken ...
1. Weil man damit das Pferd aus dem Gleichgewicht – auf die äußere Schulter – zieht und dessen innere Schulter blockiert.
2. Weil der Reiter sich dadurch im Sitz verdreht und die äußere Hüfte statt der (richtigen) inneren nach vorne kommt (s.o.).
Die Zügellänge muss immer wieder neu an Richtung und Lektion angepasst werden, damit die innere Hand vorne und oben bleiben kann.

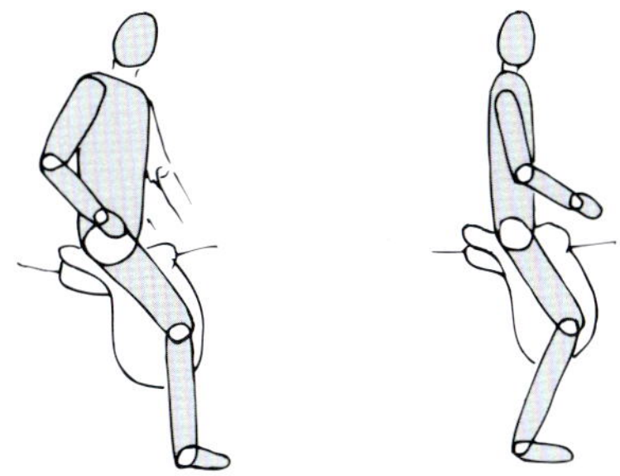

links: Der Reiter verdreht sich im Oberkörper, wenn er die innere Hand nach hinten zieht und die falsche Hüfte kommt nach vorn.
rechts: korrekte, stabile Haltung.

Flexibler Kontakt zum Pferdemaul durch wechselnde Zügellänge

Viele Pferde müssen mit wechselnden Zügellängen geritten werden, weil sie eine bestimmte Haltung noch nicht lange durchhalten.

Der Reiter muss dazu in der Lage sein, schnell und präzise die Zügellänge anzupassen – das erwünschte Dehnen des Halses zuzulassen und den Zügel bei Bedarf schnell wieder zu verkürzen, wenn das Pferd seine relative Freiheit ausnutzen sollte. Dazu nimmt der Reiter beide Zügel in eine Hand und greift dann mit der jeweils freien Hand gezielt nach. Zum Verlängern lässt er sich die

Bisweilen kann es hilfreich sein, den Zügelkontakt ganz aufzugeben, um das Pferd zum Verlängern des Halses aufzufordern. Insbesondere Iberer und Friesen tun sich häufig schwer mit der Dehnung und dem Annehmen der Zügelverbindung.

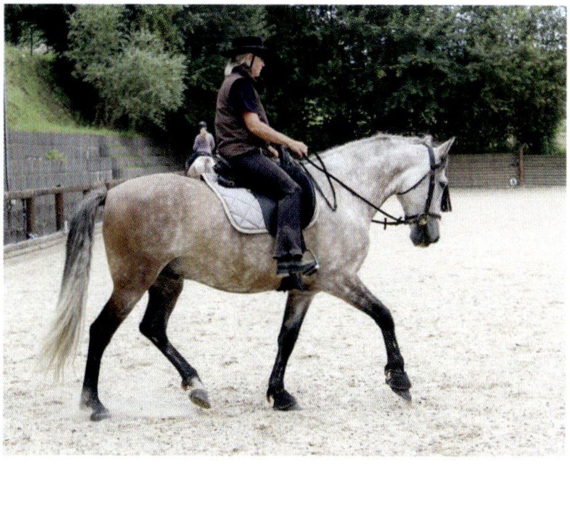

Auch dieser Angloaraber hatte kein Vertrauen zur Hand und ein Problem damit, den Zügel anzunehmen. Besserung brachte erst der Umstieg auf eine gebisslose Zäumung, hier das Glücksrad (LG-Zaum).

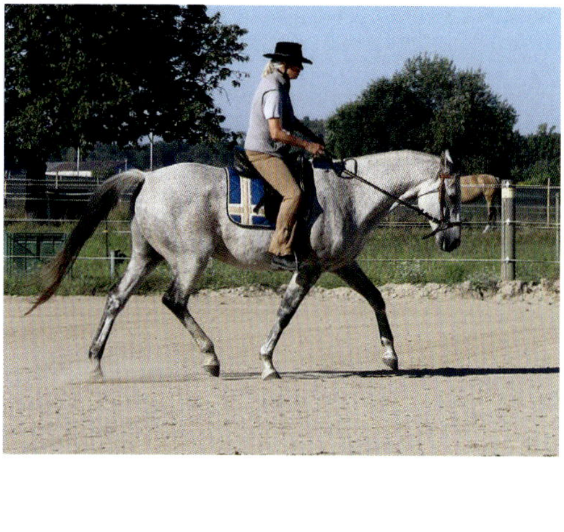

Zügel vom Pferd kontrolliert herausziehen. Wichtig ist, dem Pferd immer wieder das Dehnen des Halses nach vorne anzubieten. Durch seitwärts weisende Zügel (Hände nach rechts und links wegführen vom Widerrist) verhindert man, dass es sich gegen den Zügel›zug‹ wehrt oder hinter den Zügel kommt.
Am längeren Zügel ist es sehr viel schwerer, Kontakt zu halten. Stellen Sie sich eine Energielinie vom Ellbogen bis zum Pferdemaul vor und schicken Sie die Energie mental durch Ihren ganzen Arm nach vorn, als ob Sie die Nase des Pferdes nach vorne drücken wollten.

Energiesteuerung durch kontrollierte Atmung

Allein durch die Kontrolle der Atmung kann Energie gerichtet sowie Bewegung gehemmt oder ermöglicht bzw. durchgelassen werden.
Ein erschrockenes Luftschnappen führt zu kurzen negativen Spannungsspitzen im Körper.
Auch das Luft-Anhalten signalisiert, dass etwas nicht in Ordnung ist. Gute Körperspannung unterscheidet sich von schlechter Anspannung durch die Art der Atmung.
Ein bewusstes stoßartiges Ausatmen blockiert in Sekundenbruchteilen die Beweglichkeit und konzentriert die Energie (vgl. der kurze Schrei bei einigen Kampfsportarten oder auch das Stimmsignal »Whoa«, welches die Westernreiter für den Stopp gebrauchen).
Ein langsames ›Luft-Herauslassen‹ signalisiert Entspannung, ›kein Grund zur Aufregung, Gefahr vorbei‹.
Um gezielt Spannung aus dem Körper herauszunehmen, kann man den ›Atem fließen lassen‹. Oder man nutzt die Progressive Muskelentspannung nach Jacobsen.

Brustatmung und Bauchatmung

Um positive Körperspannung auch beim Einatmen zu halten, sollte der Reiter auf Bauchatmung umstellen. Dabei kann er sich vorstellen, dass er nicht den Brustkorb ›aufbläst‹, wenn er tief einatmet (und bei der Brustatmung kurzfristig ins Hohlkreuz fällt), sondern den Atem ins Becken fließen lässt. Beim Spielen von Trompete und ähnlichen Blasinstrumenten kommt eine solche Atmung zum Einsatz.
(Auch das Pferd muss ungehindert atmen können. Ziehen Sie also den Sattelgurt nicht allzu stramm.)

Stabilität ohne Druck

Der Reiter soll sich selbst zwar stabil halten, dabei aber möglichst wenig Druck (über Knie, Unterschenkel und Zügel bzw. Hände und Arme) ans Pferd weitergeben.
Nur der Oberkörper ist stabil, Oberarme und Beine hängen frei. Den Unterschenkel kann man sich ›wegdenken‹, er ist zum Reiten nicht erforderlich. Er wird als ›Signalgeber‹ gebraucht und kann durch die Gerte ersetzt werden. Er darf nicht zum Erhalten der Stabilität im Sitz missbraucht werden (klemmen).
Der Druck des Fußes im Bügel sollte im Normalfall so gering wie möglich sein, um eine Federung in den Gelenken zuzulassen (auch im Leichttraben). Der Unterschenkel hängt locker aus dem Knie (= Losgelassenheit in den Gelenken).

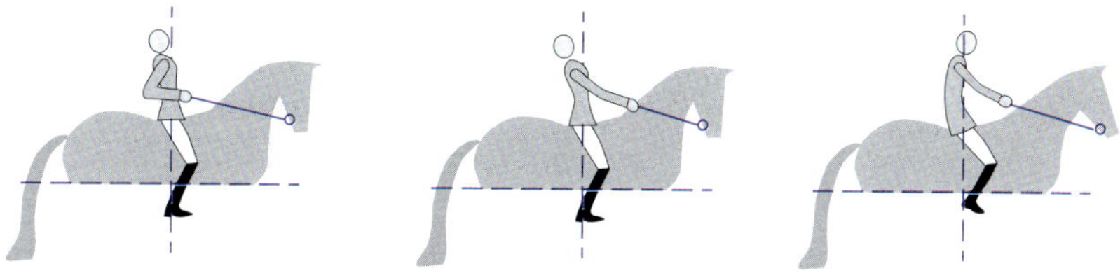

Fehlhaltungen, wie die oben abgebildeten, behindern die freie Atmung.

Kreuz anstellen, mit Kreuz reiten
bezeichnet ein leichtes Kippen des Beckenkammes nach hinten, um die Rückenbewegung des Pferdes kurzfristig zu hemmen, z.B. für eine Parade, ein kurzes Innehalten in der Bewegung. Ein abruptes Abkippen und Verharren in der gekippten Stellung hält das Pferd an (ganze Parade). Pferde, die schon sehr versammelt geritten werden können, kann man auch eine Weile mit minimal gekipptem Becken reiten, um die Versammlung zu erhalten. Die Barockreiter machen das oft so. Man muss dabei jedoch darauf achten, dass man nicht in die Kraftspirale aus Gegensitzen und Gegenhalten gerät. Wenn das Pferd die Versammlung nicht mehr ohne stärkere Zügeleinwirkung halten kann, sollte man es wieder freier vorwärtsreiten. Das Pferd braucht sehr viel Kraft in der Hinterhand, um Versammlung über einen längeren Zeitraum zu halten.

Konzentriertes Nichtstun · Sensibel wahrnehmen und gezielt einwirken

Je mehr der Reiter auf dem Pferd aktiv arbeitet, desto weniger kann er feinere Reaktionen des Pferdes wahrnehmen. Zudem führt ständiges Einwirken, ohne dass wirklich eine Änderung des Status quo beabsichtigt wird, zu einem Abstumpfungseffekt: Das Pferd ›lernt‹, einen dauernd treibenden Schenkel zu ignorieren und benutzt einen ständig straffen Zügel als Stütze, beziehungsweise es geht dagegen.

Still sitzen und nichts tun nach dem Motto ›Bitte nicht stören‹ ist also angesagt,

- um das Pferd durch ›In-Ruhe-Lassen‹ zu bestätigen, wenn es tut, was es soll.
- um die Spannungsverhältnisse im System sensibel wahrzunehmen.
- um schnell genug reagieren und korrigieren zu können, wenn nötig.
- um nicht unnötig Energie zu verschwenden.
- um das Pferd nicht mit ›Dauergeschwätz‹ abzustumpfen.
- um größtmögliche Bewegungs- und Handlungsfreiheit im System zu erreichen

Prompte Reaktionen einfordern

Auf jeden Impuls mit dem Bein oder dem Zügel wird eine Reaktion eingefordert. Sobald das Pferd tut, was es soll, sitzt der Reiter ausbalanciert und still, belohnt das Pferd durch In-Ruhe-Lassen und wartet mit einem neuen Impuls, bis er etwas ändern will.

Aufmerksames Stillsitzen erfordert gute Körperspannung und Konzentration. Dafür ermöglicht es dem Reiter eine feine Wahrnehmung der Bewegungsqualität und ein frühzeitiges Erspüren der Absichten des Pferdes: Ausweichmanöver oder ein Nachlassen der Energie des Pferdes können sofort korrigiert werden.

Nichts tun ist allerdings schwerer als es aussieht. Viele Reiter haben sich so sehr daran gewöhnt, ständig einzuwirken, dass es für sie extrem viel Konzentration erfordert, kurzfristig nichts zu tun und abzuwarten. Es wird ständig am Pferd ›herumgedrückt‹, um es in Haltung zu bringen, zu stellen, zu biegen ... Oft geht dabei das ›Vorwärts‹ verloren, was wir als Grundlage für jede Lektion und jede Aufgabe brauchen. ›Vorwärts auf leichten Impuls‹ und Bremsen auf leichten Impuls‹ sind die wesentlichen Voraussetzungen für eine gute Ausbildung und müssen bei abgestumpften Pferden über eine Resensibilisierung wieder erarbeitet werden. Die Erfahrung zeigt, dass Pferde sehr schnell darauf ansprechen, wenn es gelingt, den Reiter aus seinem ›blinden Aktionismus‹ herauszuholen.

Richtig Abwenden am äußeren Zügel – Die stabile äußere Seite des Reiters

Wendungen werden am äußeren Zügel geritten, unter Umständen sogar in Außenstellung, wenn das Pferd über die Schulter ausweicht. Es gilt ein ›striktes Verbot‹, am inneren stellenden Zügel zu ziehen. Bei allen Richtungswechseln locken Sie das Pferd hinter Ihrer (Energie-)Ausrichtung her, statt es in die gewünschte Richtung mit dem Schenkel herüberzudrücken oder mit dem inneren Zügel herüberzuziehen. Der innere Zügel darf allerdings weich zur Seite geführt werden, um die Richtung zu weisen.

Um am äußeren Zügel abzuwenden, muss der Reiter seine äußere Seite stabil und das Pferd in der Längsachse eher gerade halten: Der Ellbogen bleibt außen dicht am Körper, die Achselhöhle wird außen bewusst geschlossen, der äußere Zügel kontrolliert die Längsachse des Pferdes und verhindert, dass es über die äußere Schulter ausweicht. Ganz wesentlich für die saubere Richtungskontrolle in Wendungen ist es, dass der Reiter in Bewegungsrichtung (Blickrichtung) schaut und seine Hüfte in Bewegungsrichtung vorschiebt (Ausrichtung des Beckens). Nur mit einer stabilen äußeren Seite kann der Reiter auch einhändig reiten.

Für die Seitengänge und das Abwenden gelten gleichermaßen die Richtlinien der stabilen äußeren Seite des Reiters.

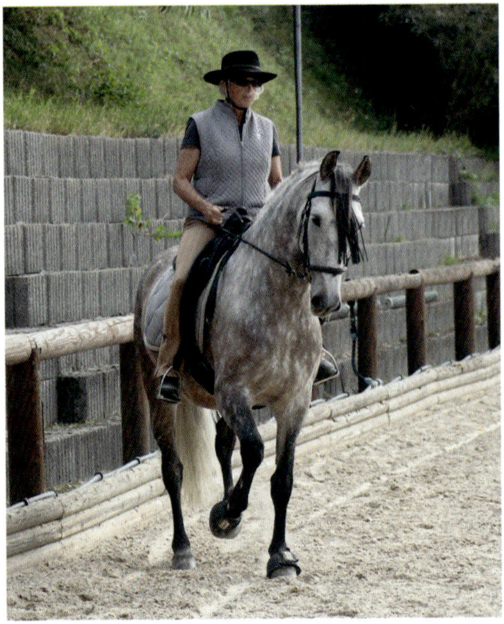

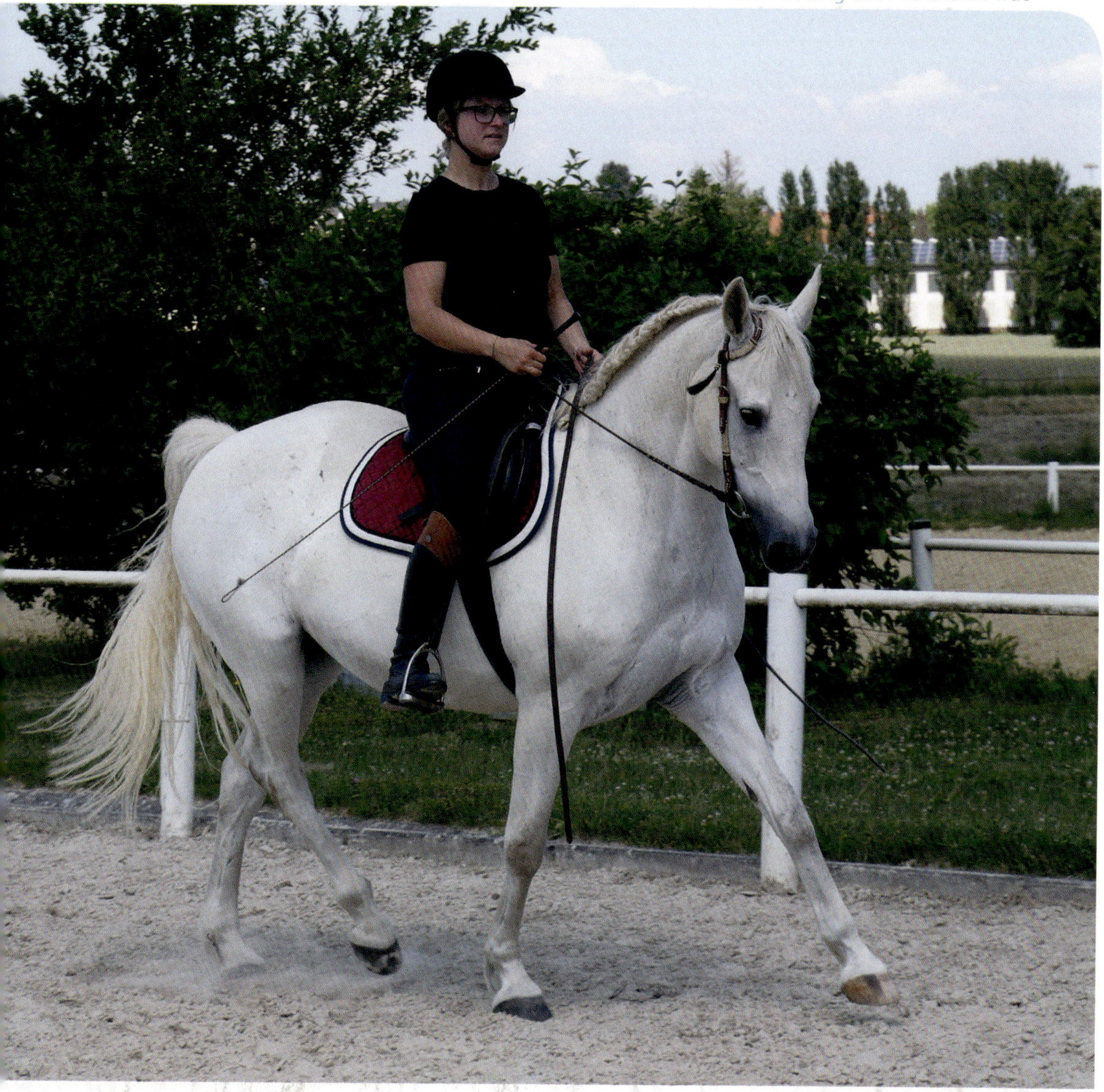

Die Haltung des Pferdes im Trab

An den Hilfen im Trab

Das Pferd soll ›an den Hilfen stehen‹. Nur dann lässt es sich gut kontrollieren und kann ›in Haltung‹ gehen. Dieses ›An den Hilfen‹ lässt jedoch viel Interpretationsspielraum hinsichtlich der Intensität und Dauer der einzelnen Hilfen. In der erstrebenswerten Form ist das Pferd an den Hilfen, wenn es sich auf die Signale des Reiters konzentriert und bereit ist, auf minimale Veränderungen in der Körperspannung des Reiters zu reagieren: die Richtung zu wechseln, anzutreten oder anzuhalten, schneller oder langsamer zu werden.
Dabei handelt es sich jedoch mehr um eine mentale Verbindung über Konzentration und feine Wahrnehmung, als um das verbreitete ständige Bombardieren mit Hilfen, die sich teilweise gegenseitig aufheben. Auch am losen Zügel kann das Pferd an den Hilfen stehen.
Um das Pferd an die Hilfen zu stellen, muss es jedoch bereit sein, eine vorwärts treibende Hilfe sofort anzunehmen. Das Pferd muss auf eine leichte Aufforderung Energie zur Verfügung stellen. Andernfalls funktioniert weder die Lenkung noch kann korrekte Haltung hergestellt werden.
Wenn wir vom Pferd verlangen, dass es uns konzentriert zuhört, müssen auch wir als Reiter dem Pferd zuhören, damit wir nicht im falschen Moment etwas von ihm verlangen. D. h. wir müssen ein Gefühl dafür entwickeln, **wann das Pferd bereit ist für eine bestimmte Hilfe bzw. Lektion**. Wir dürfen nichts von ihm fordern, was es in seinem momentanen Zustand nicht ausführen kann. Alle Lektionen, die wir von ihm verlangen, bedürfen guter Vorbereitung. **Zudem ist es sinnvoll, mit allen Hilfen sparsam umzugehen**. Wenn ich schon im ›Normalbetrieb‹ mein ganzes Hilfenrepertoire einsetzen muss, um das Pferd am Laufen zu halten, was mache ich dann, wenn ich ›etwas mehr‹ von Pferd verlange, wie z.B. ein Antraben aus dem Halten, eine ganze Parade aus dem Trab oder gar eine Piaffe.

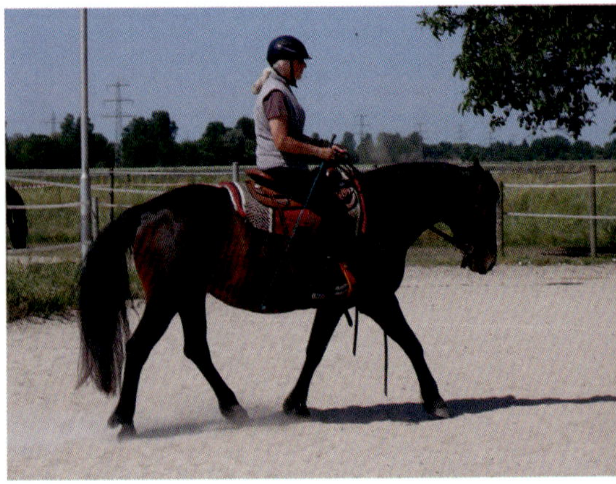

Zweckmäßige Haltung sieht für verschiedene Pferdetypen anders aus und ist zudem abhängig von Lektion und Ausbildungsstand.

Haltung in einem sich bewegenden System ist dann funktionell, wenn sie für Pferd und Reiter größtmögliche Bewegungsfreiheit bei guter Stabilität und kleinstmöglichem Energieeinsatz zulässt.

Folgende Überlegungen sind für zweckmäßige und gesunde Haltung anzustellen:

- Funktionell statt ›formal richtig‹. (Form follows function)
- Dem Pferd Freiraum lassen, sich selbst auszubalancieren. Der Reiter muss es aushalten, dass das Pferd bisweilen ›aus der Haltung fällt‹.

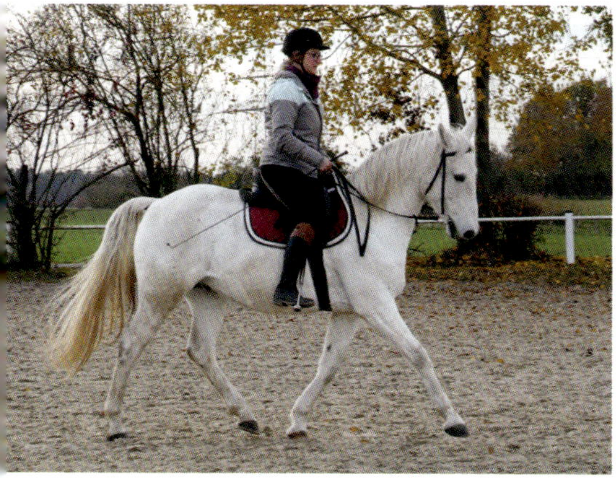

Reiter und Pferd im Gleichgewicht, ohne dass die Haltung mit dem Zügel aufrechterhalten werden muss.

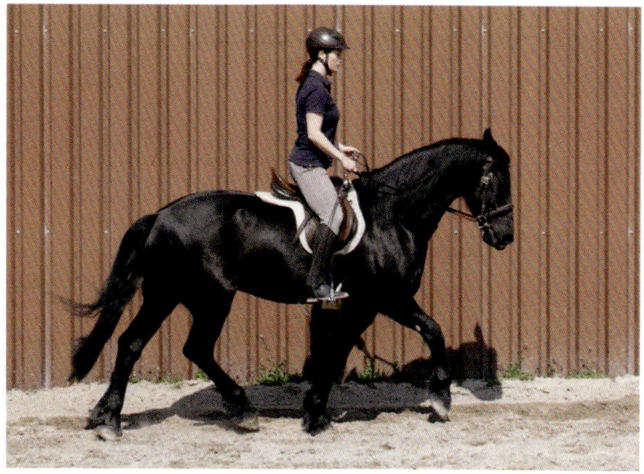

Sehr schöne Haltung mit frei getragenem Hals und Nase vor der Senkrechten – eine Haltung, die bei Friesen schwer zu erreichen ist.

- Wie viel (Zügel-)Kontrolle ist zweckmäßig? Haltung wird nur zu einem sehr geringen Teil mit dem Zügel kontrolliert.
- Dehnung der Oberlinie, ohne Schulter und Vorhand zu überlasten: offene Ganaschen, Nase vor der Senkrechten, Hals lang und frei getragen.
- Die Grenzen von ›Nase tief‹: Wann ›vorwärts-abwärts‹ nicht sinnvoll ist.
- Individualität und Exterieur beachten. Die funktionelle Haltung eines Friesen sieht anders aus als die eines Vollblüters.

Haltung muss immer wieder neu hergestellt sowie den Gegebenheiten, d.h. dem Ausbildungsstand und der Lektion, angepasst werden. Das Gleichgewicht verändert sich in jedem Augenblick und sowohl Reiter als auch Pferd müssen sich ständig neu ausbalancieren, um die Beweglichkeit in vollem Umfang zu erhalten.

Stabilität, Beweglichkeit und Bewegungsfreiheit

Für eine Verbesserung der Beweglichkeit sollten die Bewegungsmöglichkeiten immer wieder voll ausgeschöpft werden können. Das Gehirn kann nur eine ›Idee der Bewegung‹ entwickeln, wenn es vielschichtige Informationen zu den Möglichkeiten bekommt. **Variationen der Bewegungen und der Haltung** sind für diesen Prozess wichtig. Langsam ausgeführte Koordinationsübungen (Seitengänge / Trail) sorgen später auch für gute schnelle Bewegungen, weil die Geschmeidigkeit damit verbessert wurde und dem Gehirn größere Bewegungsbereiche bekannt sind. Das Pferd kann koordinierter auf ungeplante‹ Bewegungen reagieren, wenn es z.B. in ein Loch tritt. So verringert sich das Verletzungsrisiko – auch auf der Koppel und im Gelände.

Damit eine Bewegung harmonisch und gut koordiniert ablaufen kann, benötigt der Körper jedoch auch Stabilität. Diese muss vor allem vom Rumpf

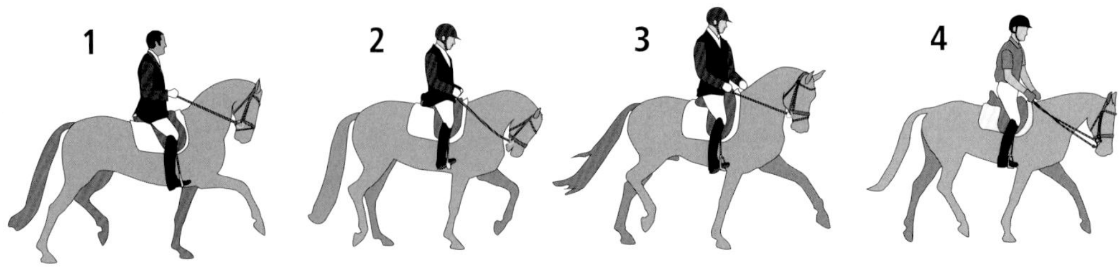

Bewegungs- und Haltungsstudien im Trab

Diese 1:1 nachgezeichneten Bilder von durchaus erfolgreichen Turnierreitern zeigen gesundheitsschädliche, weitgehend ›mit dem Zügel hergestellte‹ Zwangshaltungen, die die Bewegungsfreiheit des Pferdes massiv einschränken.
1. Zu eng im Hals: Das Pferd ist mit der Hand ›zusammengezogen‹, der Unterhals ist herausgedrückt, der Rücken fest, die Parallelität der Beinpaare und die Schulterfreiheit sind verloren gegangen, der Reiter ›hängt dem Pferd im Kreuz‹.
2. Prinzipiell passiert hier das Gleiche wie bei 1: Das Pferd beißt sich in die Brust, allerdings nicht in der Verstärkung, sondern in falsch verstandenem ›Rund-Reiten‹ / An-den-Zügel-Reiten, ohne aktive Hinterhand und mit blockierter Schulter.
3. Keine Parallelität der Beinpaare in der Trabverstärkung: Das Pferd ›strampelt‹ ohne Schulterfreiheit mit den Vorderbeinen und kommt hinten nicht nach.
4. Bewegung ohne Energie. Die Aktivität der Hinterhand reicht nicht aus für eine wirklich funktionale Dehnungshaltung. Das Pferd ist auf der Vorhand, der Reiter lässt sich eher tragen, statt aktiv zu steuern.

ausgehen. Kraft kann erst effizient auf die Gliedmaßen und die beteiligten Muskel- und Faszienketten übertragen werden, wenn die Rumpfmuskulatur stabil genug ist. Es handelt sich hierbei jedoch nicht um eine statische, sondern um eine dynamische Stabilität, die prompte Reaktionen zulässt. Ist diese vorhanden hat der Körper die nötige Sicherheit, um Losgelassenheit in der Bewegungsmuskulatur zuzulassen. Er muss sich nicht vor Balanceverlust schützen, indem er eine Art ›Sicherheitsspannung‹ aufbaut.

Zusammenhalten und Auseinanderfallen

Halt mal dein Pferd zusammen
Reite es an die Hand heran
Stell es an den Zügel
Bring es in Haltung
Aktiviere die Hinterhand

All diese Anweisungen haben das gleiche Ziel: das Pferd in eine Haltung mit positiver Energie, aktiver Hinterhand, angehobener Schulter und gutem Gleichgewicht zu bringen. Nur diese ermöglicht ein ›gesundes Reiten‹ und eine Kontrolle des Pferdes mit ›Servolenkung‹.

Das auseinandergefallene Pferd überlastet die Vorhand, lässt den Rücken durchhängen und ›vergisst‹ die Hinterbeine. Diese schlaffe, energielose Haltung ist gesundheitsschädlich fürs Pferd. Die Hilfen kommen nur schwer durch und das Pferd ist schwer zu lenken.

Sensibilisiert man das Pferd dahingehend, dass es prompt auf treibende Impulse reagiert, und gibt ihm keine Möglichkeit, gegen den Zügel zu gehen bzw. sich draufzulegen, so kann man es ohne dauerhafte Krafteinwirkung ›mit Energie aufladen‹. Dazu ist es jedoch bisweilen notwendig,

1

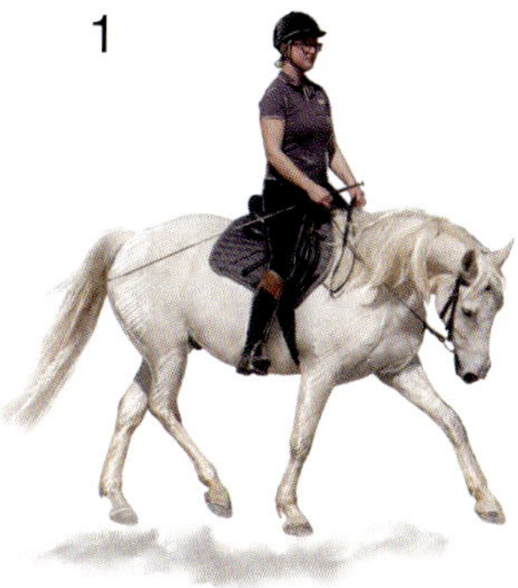

2

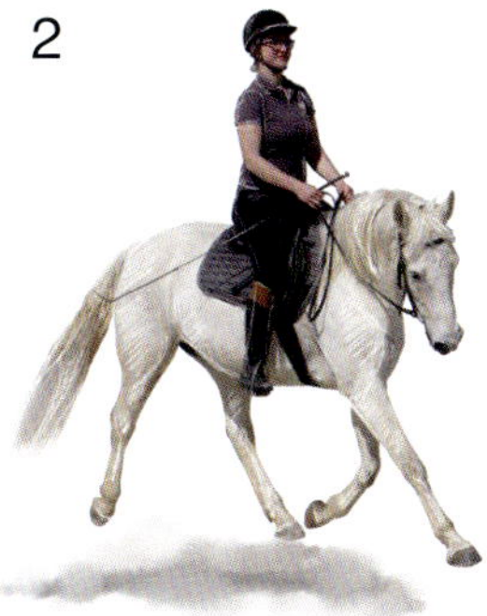

3

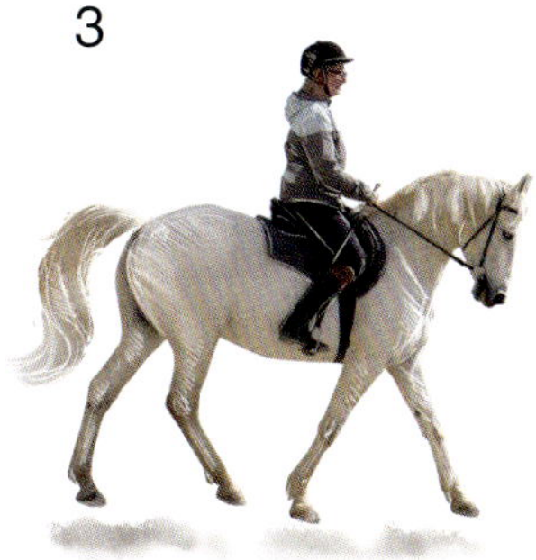

Bewegungs- und Haltungsstudien im Trab

Zwischen funktional und dysfunktional liegen nicht immer Welten. Die drei Bilder oben zeigen das gleiche Pferd in verschiedenen Haltungen im Trab, die unterschiedlich funktionell sind.

1. Diese Haltung würden die meisten als korrekte Dehnungshaltung bezeichnen. Das Pferd ist jedoch etwas zu tief. Die Hinterhand ist allerdings aktiv und die Parallelität der Beinpaare stimmt grundsätzlich. Deswegen ist die Haltung nicht prinzipiell schlecht; das Pferd müsste nur die Schulter noch etwas mehr anheben.
2. Diese Haltung mit gedehnter Oberlinie ist deutlich besser (funktioneller) als die von Bild 1. Die Nase ist etwa auf Höhe des Buggelenks. Und vor allem ist eine positive Diagonale zu sehen: Das linke Hinterbein fußt einen kleinen Augenblick vor dem rechten Vorderbein auf.
3. Diese Haltung ist dysfunktional. Das Pferd ist zu eng im Hals. Es ›stellt den Hals hin‹, weicht dem Kontakt aus und ›zwingt‹ den Reiter fast, den Zügel immer kürzer zu nehmen, wenn er Kontakt halten will. Deutlich zu sehen ist die hohe Kruppe und die feste, heruntergedrückte Schulter sowie eine negative Diagonale: Das linke Vorderbein ist am Boden und das rechte Hinterbein noch in der Luft. Das Pferd geht nicht über den Rücken. Die Bewegung wirkt gebunden. (Um dem entgegenzuwirken müsste der Zügel erst einmal deutlich länger – unter Umständen auch ganz lose – werden. Über gute Energiesteuerung aus der Körpermitte und weite Stellung der Hände kann dann wieder Kontakt hergestellt werden.)

treibende und verhaltende Impulse erst einmal zeitlich zu trennen. Es gilt (mehr oder weniger vorübergehend) ›Schenkel ohne Zügel‹ und ›Zügel ohne Schenkel‹. Erst brauchen wir das unbedingte ›Vorwärts‹, dann erst können wir mit verhaltenden Impulsen Haltung herstellen.

Aktivitätshaltung herstellen – Reaktionsbereitschaft erreichen

Vorwärtstendenz ist also absolute Voraussetzung für korrekte Haltung. Ein junges Pferd, welches noch nicht versteht, was man von ihm will, wird mit deutlichen (nicht kräftigen) Hilfen geritten.

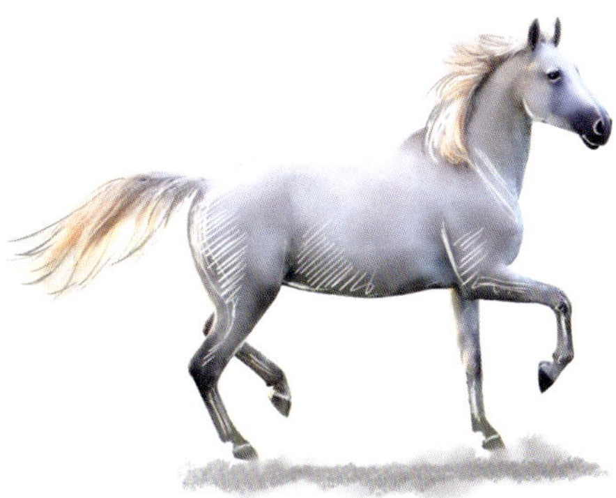

Eine Haltung, die schnelle Reaktionen zulässt – mit angehobenem Hals und freier Schulter. Eine solche Aktivitätshaltung brauchen wir auch unter dem Reiter, wenn prompte Reaktionen auf feine Hilfen gefordert sind.

Im Zuge der Ausbildung sensibilisieren wir das Pferd auf leichte Hilfen und Hilfenkürzel (Konditionierung auf schwache und sparsame Signale). Dazu müssen wir ihm eine Haltung geben, aus der es auch gut reagieren kann: weg von der Vorhand und mit angehobenem Hals. Das freie Pferd nimmt eine solche ›bewegungsbereite‹ Haltung ein, wenn es schnell reagieren muss bzw. will. Eine solche Aktivitätshaltung brauchen wir auch unter dem Reiter, wenn prompte Reaktionen gefordert sind. Pferde, die lange mit zu viel Druck oder in nicht zweckmäßigen Haltungen geritten wurden und sich mental abgeschottet haben, müssen dafür resensibilisiert werden.
Die richtige Aktivitätshaltung hat jedoch nichts mit Zappeligkeit und Hyperaktivität zu tun.

Schreckhafte oder nervöse Pferde mit ›negativer Erwartungshaltung‹, die oft den Reiterhilfen und der Kontrolle davonlaufen, müssen eher desensibilisiert werden, damit sie nicht bei jeder Berührung durch den Reiter und bei jedem lauten Geräusch überreagieren. Hier haben das Erreichen der psychischen Losgelassenheit, das Beruhigen und der Vertrauensaufbau oberste Priorität, um das Pferd aus der negativen ›Vorspannung‹ herauszuholen und seine Aufmerksamkeit auf die Hilfen des Reiters zu lenken.

Der Zentrifugalkraft entgegenwirken – die innere Schulter oben behalten

Wendungen in höherem Tempo erfordern ein gut ausbalanciertes Pferd, welches gelernt hat, nicht

Nervöse Pferde und solche, die ›gelernt‹ haben, sich gegen die Zügelkontrolle zu wehren, reagieren oft gelassener, wenn der Reiter darauf verzichtet, am inneren Zügel einzuwirken und einhändig reitet. Schulterherein (hier auf der Zirkellinie) bietet dabei eine gute Möglichkeit für die Tempokontrolle.

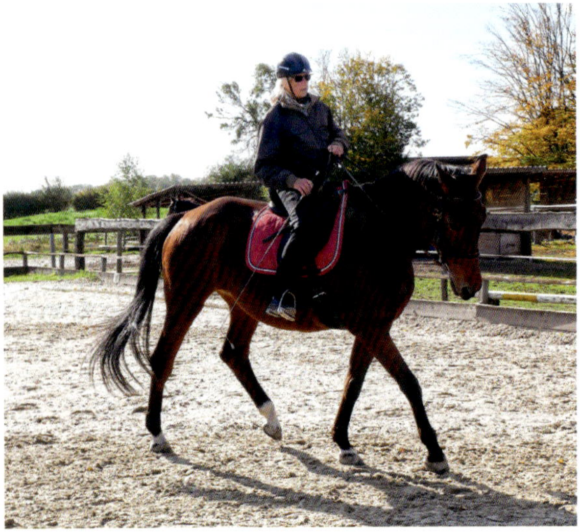

Rückwärtsrichten nur durch Energieverschiebung, ohne Einsatz des Zügels, verhindert, dass das Pferd die Schulter versteift und beim nachfolgenden Antraben (ohne Zügelkontakt) in eine falsche Erwartungshaltung kommt (und dabei gegen die Hand geht).

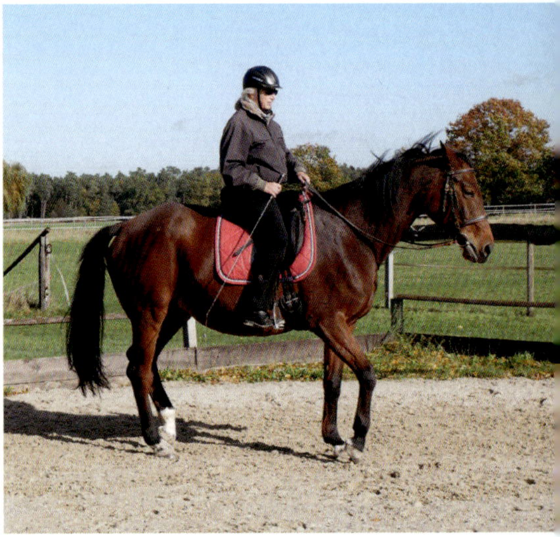

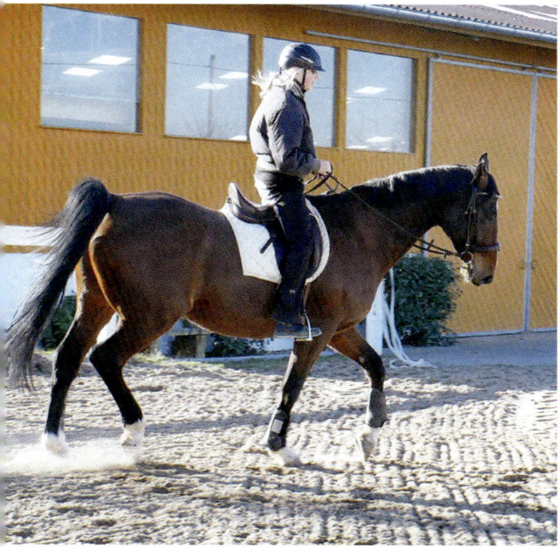

In dieser Haltung mit hoher Kruppe und belasteter Schulter ist das Pferd nicht in der Lage, den Reiter im Gleichgewicht zu tragen und prompt auf feine Hilfen zu reagieren. Es läuft auseinandergefallen ohne Rücken auf der Vorhand.

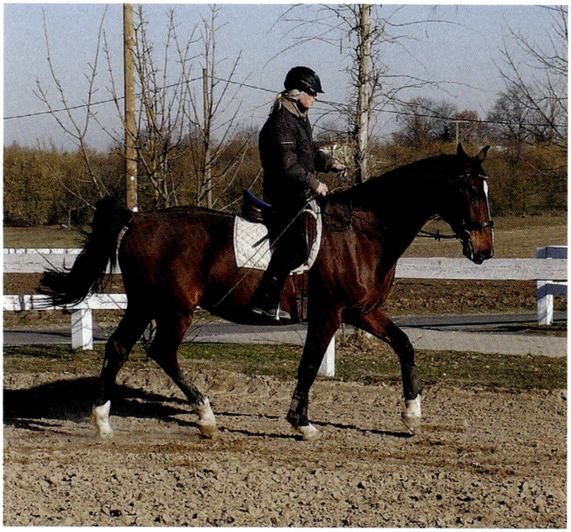

Es ist nun Aufgabe des Reiters, das Pferd in eine Haltung mit aktiver Hinterhand, stabilem Rücken, angehobener Schulter und frei getragenem Hals zu bringen, was bei einem so großrahmigen Pferd keine leichte Aufgabe ist.

Durch Übergänge Halten-Rückwärts-Antraben bekommt man mehr Energie ins Pferd. Wichtig ist dabei, den Hals als Balancierstange frei zu halten und dem Pferd keine Stütze im Zügel zu bieten. Angehobene Schulter und gewinkelte Hinterbeine bringen den Rücken nach oben.

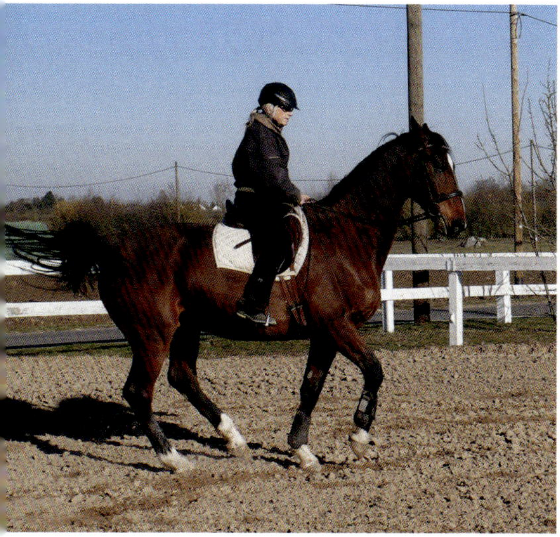

Auf diesem Bild ist das Pferd deutlich besser in der Balance; der Rücken hängt nicht mehr durch. Am unruhigen und schief getragenen Schweif sieht man jedoch noch, dass es dem Pferd extrem schwerfällt, die Haltung beizubehalten.

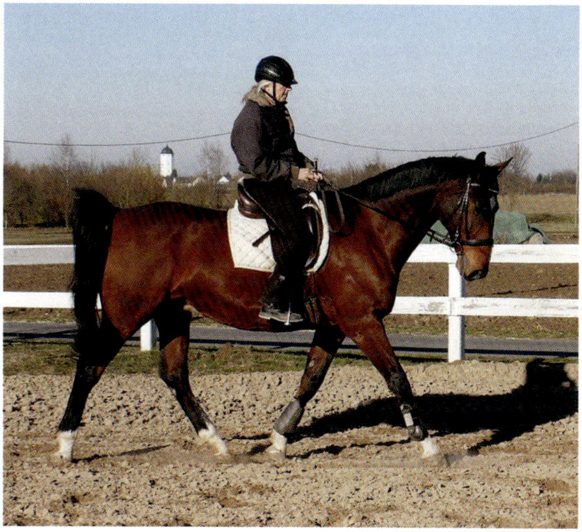

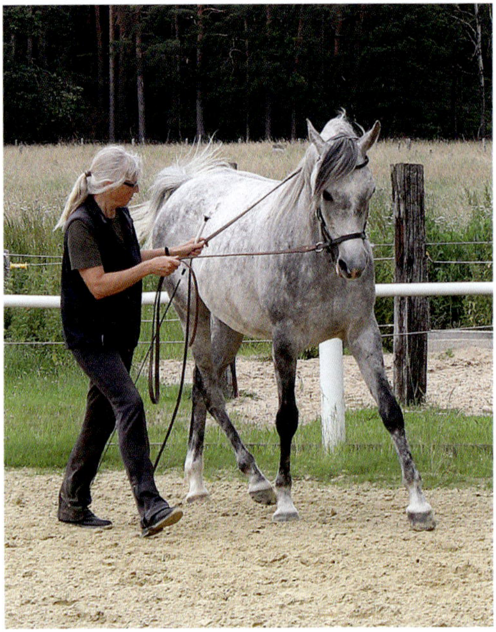

Gleichmäßige Längsbiegung auch bei der Handarbeit. Die Schultern des Pferdes müssen auf einer Höhe bleiben. Das erfordert gute Kontrolle am äußeren Zügel.

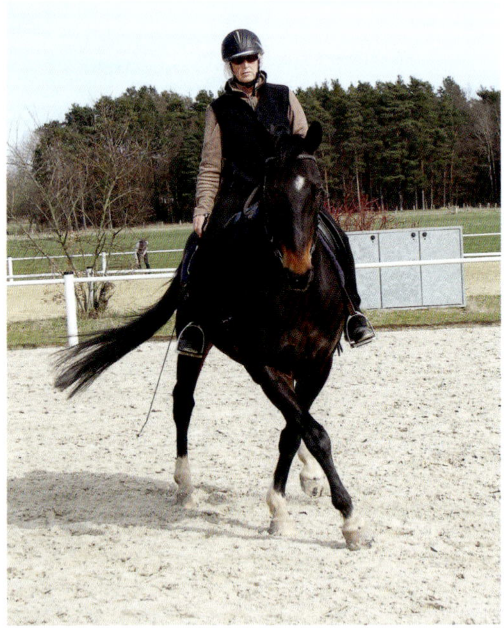

Beim einhändigen Reiten kommt man nicht so leicht in die Versuchung, am inneren Zügel zu ziehen. Wichtig ist, dass die innere Schulter des Pferdes oben bleibt.

über die innere Schulter zu kippen bzw. über die äußere Schulter wegzudrängeln.

Sieht man sich freilaufende Pferde an, kann man eine Schräglage mit Außenstellung in hohem Tempo deutlich erkennen.

In der Ausbildung unter dem Reiter muss das Pferd lernen, beide Schultern oben zu lassen und nicht ›wie ein Segelflugzeug in die Wendung hineinzukippen‹. Trab auf gebogenen Linien eignet sich hervorragend dazu, dem Pferd beizubringen,

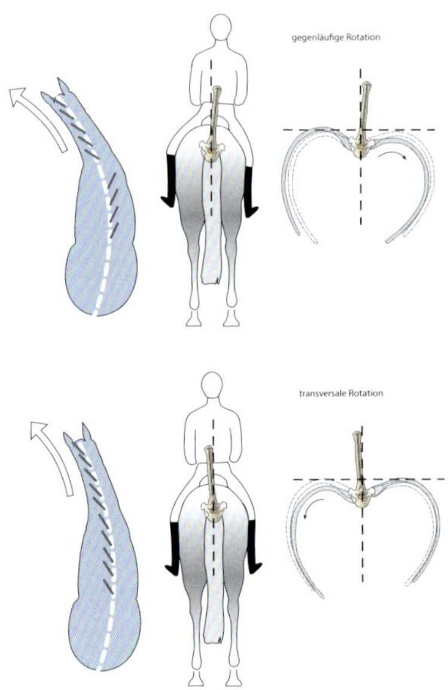

Gleichmäßige Biegung: alle Dornfortsätze neigen sich nach innen (unten).
Bei Überbiegung (oben) neigen sich die Dornfortsätze im Halsbereich nach innen und im Brustbereich nach außen; der Reiter wird nach außen gesetzt.

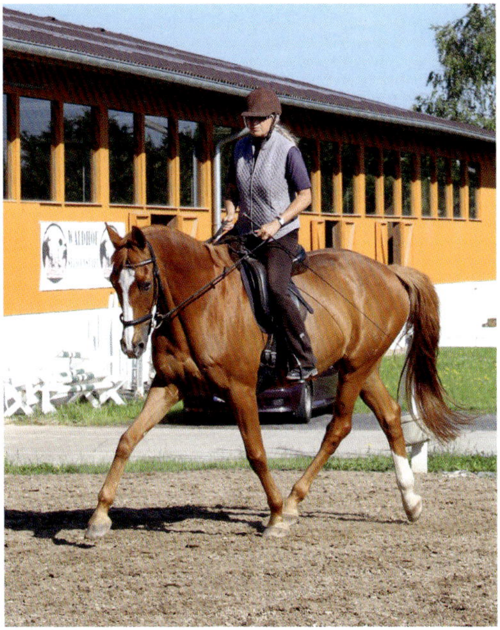

Gleichmäßige Längsbiegung mit guter Längskontrolle am äußeren Zügel: Der Hals darf ›im Normalbetrieb‹ nicht zu stark nach innen gestellt werden.

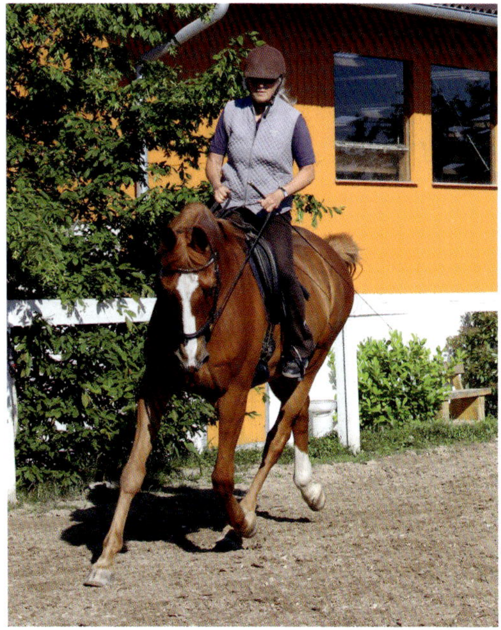

Verworfen: Das Genick kippt nach außen, das Maul nach innen.

dass es in Wendungen beide Schultern gleichmäßig belasten soll.

Die richtige Idee von Stellung und Biegung

Längsbiegung: In jeder Längsbiegung erfolgt eine einseitige Rotation der Wirbelsäule. Bei richtiger Biegung neigen sich alle Dornfortsätze nach innen; der Reiter kann mittig sitzen. Bei Überbiegung des Halses neigen sich die Dornfortsätze der Halswirbel nach innen und die im Brustbereich nach außen. Der Reiter wird nach außen gesetzt. Die Biegung sollte also im Normalfall gleichmäßig erfolgen. Und sie muss nicht allzu stark sein. **Die Dehnung der hohlen Seite ist das Problem.** Dem Pferd fällt es schwer, seine hohle Seite zu dehnen. Deswegen wird es immer versuchen, sich der Längsbiegung zu entziehen, wenn die hohle Seite außen ist.

Arbeitet man zu viel an der Halsstellung und vergisst die Schulterkontrolle dabei, so wird das Pferd über die Schulter ausweichen – je schneller das Tempo, umso stärker ist die Ausweichtendenz.

Stellung im Genick: Die Stellung im Genick bezeichnet ein leichtes Drehen des Pferdekopfes bei von vorne senkrechter Nasenlinie, so dass der Reiter das innere Auge schimmern sieht.

Verwerfen: Bleibt die Nasenlinie des gestellten Pferdes von vorne gesehen nicht senkrecht, so verwirft sich das Pferd. Dabei kippt es entweder mit dem Genick nach außen und dem Maul nach innen oder umgekehrt.

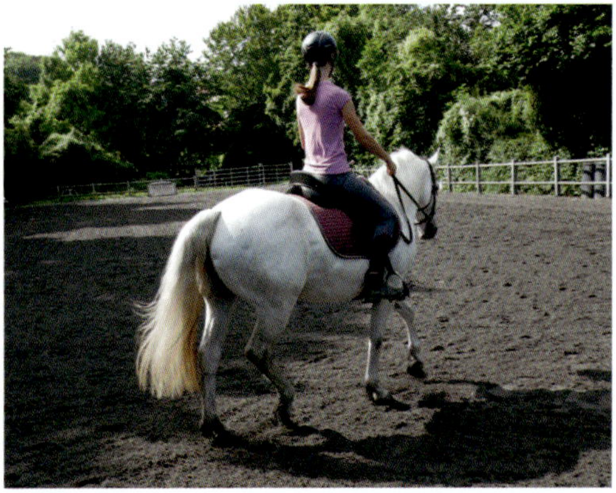

Der ausgestreckte äußere Arm macht die äußere Seite der Reiterin instabil. Wenn das Pferd über die äußere Schulter wegdrängeln will, fehlt die Kontrolle am äußeren Zügel. Der äußere Ellbogen sollte am Körper bleiben, die äußere Achselhöhle geeschlossen sein.

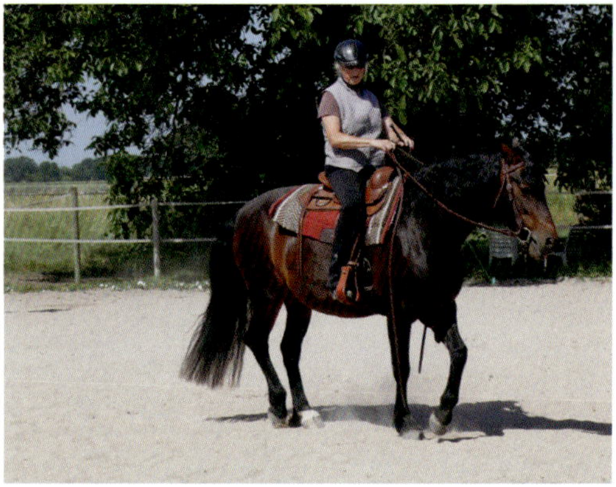

Schulterkontrolle durch Reiten in Konterstellung. Wenn die Schulter nach links ausweicht, wird das Pferd nach links gestellt und in Außenstellung in die Wendung geritten.

Den inneren Zügel nach hinten ziehen, mangelnde Kontrolle am äußeren Zügel, zu langes Festhalten und andere Handfehler des Reiters führen zum Verwerfen.

Überbiegen: In manchen Reitsystemen wird mit einer kurzfristigen Überbiegung des Halses gearbeitet (Baucher z.B.). Das kann therapeutische Wirkung haben, muss aber sehr gezielt und gekonnt eingesetzt werden, um keinen Schaden anzurichten. Und vor allem darf sich das Pferd dabei nicht verwerfen.

Wendungen mit Schulterkontrolle statt mit Halskontrolle

Richtungskontrolle ist vor allem Schulterkontrolle. Es nützt nichts, Kopf und Hals des Pferdes in die gewünschte Richtung zu ›ziehen‹, wenn die Schulter ausweicht. Viele Pferde können mit rechtwinklig abgestelltem Hals geradeaus über die äußere Schulter weglaufen. Es hat also keinen Zweck, am inneren Zügel zu ziehen oder festzuhalten, wenn man abwenden will. Das Pferd sollte beim Abwenden in seiner Längsachse eher gerade gehalten werden. Das ist Aufgabe des äußeren Zügels (Kontrolle der äußeren Seite).

Effektive Richtungskontrolle im Trab braucht:

1. Einen Fokus auf die gedachte Bewegungslinie: Kopfdrehung, Blickrichtung (Hinschauen, wohin man reiten will).
2. Präzise Ausrichtung des Beckens in Bewegungsrichtung: Vorschieben der inneren Hüfte (des inneren Gesäßknochens) bei senkrechtem Oberkörper.
3. Eine stabile äußere Seite des Reiters, der mit dem äußeren Zügel die äußere Schulter des Pferdes daran hindert, auszuweichen.
4. Einen relativ geraden Hals des Pferdes; der innere Zügel kann zwar die Richtung anzeigen, eine Stellung des Pferdes in Bewegungsrichtung ist für die reine Richtungskontrolle jedoch nicht zwingend notwendig.
5. Eine angehobene innere Pferdeschulter.

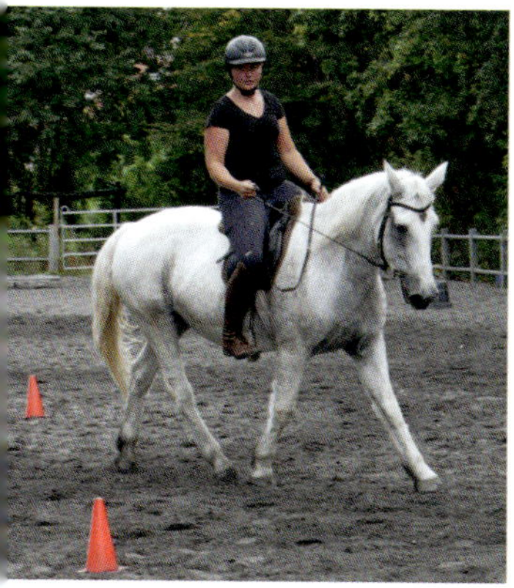

Vendung um Pylone mit guter Kontrolle m äußeren Zügel, seitwärts weisendem ineren Zügel und guter Ausrichtung der Reierin.

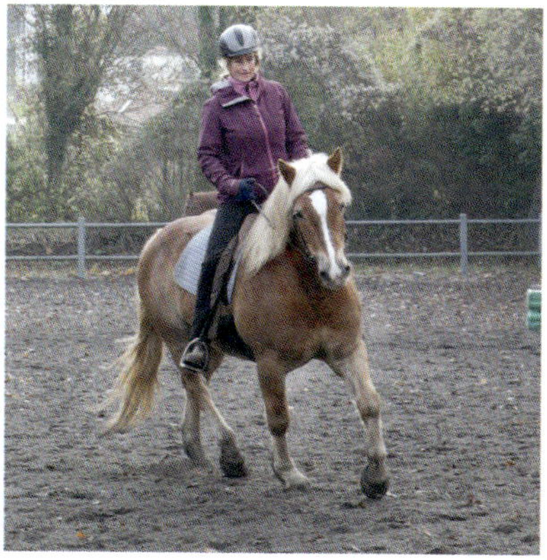

Gute Haltung des Pferdes in der Wendung und stabile äußere Seite. Die Fokussierung der Reiterin lässt allerdings zu wünschen übrig: Sie schaut zu sehr auf den Hals des Pferdes.

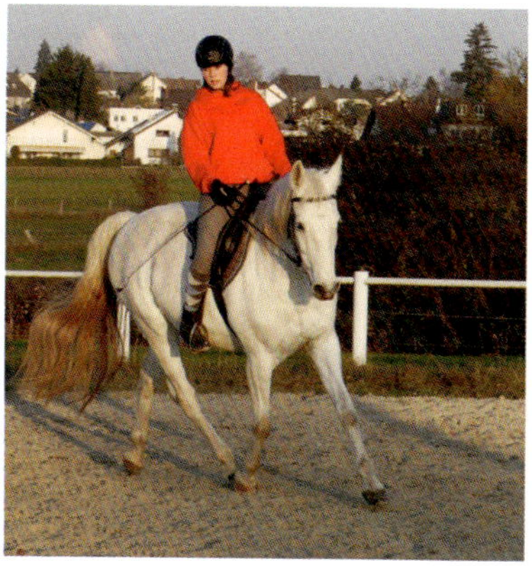

Gute Haltung des Pferdes in der Wendung und gute Fokussierung. Die äußere Seite der Reiterin ist stabil, der äußere Zügel kontrolliert gut die äußere Schulter.

6. Eine bildhafte Vorstellung, die Pferd und Reiter auf der gewünschten bzw. gedachten Linie zeigt.

Schulterkontrolle in Konterstellung

Richtungskorrekturen arbeiten mit einem Wechsel von innen und außen: Wenn das Pferd den Hals nach rechts stellt und über die linke Schulter ausweicht, stellt der Reiter das Pferd nach links um, so dass die Schulter in die gewünschte Bewegungsrichtung nach rechts kommt. Das Pferd wird immer in die Richtung gestellt, in die die Schulter ausweicht und dann unter Umständen in Außenstellung in die Wendung geritten.

Wenn das Pferd nach innen hereinkippt und auf die innere Schulter fällt ... muss der Reiter die Innenstellung erhalten oder sogar verstärken und die innere Schulter oben und außen behalten. Die innere Hand wird dabei nach vorn-oben geführt und die Gerte kann die Pferdeschulter antippen, um sie etwas nach außen zu bewegen. **Wenn das Pferd aus der Wendung über die äußere Schulter herausdrängelt und auf die äußere Schulter fällt ...** muss der Reiter die äußere Schulter mit dem äußeren Zügel kontrollieren und das Pferd eher gerade oder sogar gegen die Bewegungsrichtung (nach außen in die Kon-

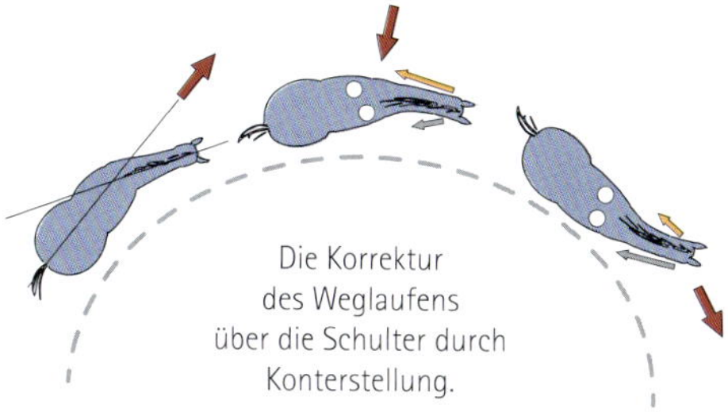

Die Korrektur des Weglaufens über die Schulter durch Konterstellung.

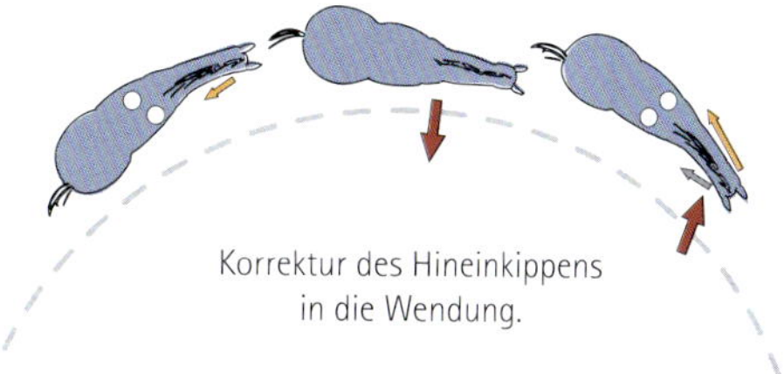

Korrektur des Hineinkippens in die Wendung.

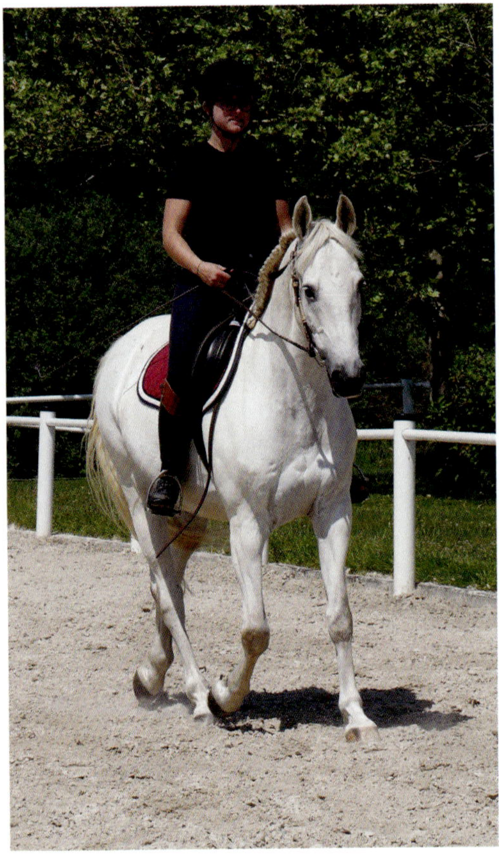

Geradeausreiten ist schwerer als das Reiten von Wendungen. Hier ein schönes Beispiel von guter Fokussierung der Reiterin auf der Geraden.

terstellung) stellen – und somit innen und außen aus Pferdesicht vertauschen.
Korrekturen in Konterstellung erfolgen nach den gleichen Prinzipien wie das Konterschulterherein. Die Arbeit an den Seitengängen gibt dem Reiter gleichzeitig ein gutes Korrekturinstrument für die Richtungs-, Tempo- und Schulterkontrolle.

Der Umgang mit der Schiefe

Viele Reiter haben Probleme, wirklich geradeaus zu reiten. Im Trab ist es jedoch bisweilen sogar einfacher als im Schritt oder im Galopp. Im Schritt fehlt oft die nötige Energie und im Galopp ist sie schwerer zu kontrollieren.

Die gängigsten Gründe für die Probleme beim Geradeausreiten:

1. Die Asymmetrien von Reiter und/oder Pferd sind noch nicht behoben.
2. Der Reiter fokussiert nicht (fehlende Blickrichtung, auf den Hals schauen).
3. Der Reiter hat seine Beckenstellung nicht unter Kontrolle.
4. Der Reiter versucht, mit Schenkel und Zügel zu korrigieren, ist damit immer zu langsam und sorgt erst recht für ein Schwanken des Pferdes auf der Geraden.
5. Das Pferd tritt nicht sauber über den Rücken nach vorne durch oder blockiert die Energie im Genick und hat deswegen keine Balance.

Jedes Pferd ist (wie jeder Mensch) von Natur aus asymmetrisch. Die natürliche Schiefe muss in jeder Stufe der Ausbildung und in jeder Gangart immer wieder neu bearbeitet werden. Im Trab ist das aufgrund des höheren Tempos und der damit verbundenen Balanceprobleme schon schwieriger als im Schritt.
Das Pferd hat ein schwächeres und ein stärkeres Hinterbein, eine gedehnte, starke (auch oft ›steife‹ Seite genannt) und eine hohle Seite mit verkürzter Muskulatur, die sich schlecht dehnen lässt.
Dazu kommen 4 funktionell unterschiedliche Hinterbeine auf gebogenen Linien.
In einer Wendung muss das innere Hinterbein

vermehrt Last aufnehmen und sich beugen. Durch wechselseitiges Biegen kräftigt man das jeweils innere Hinterbein. Auf der rechten Hand hat das Pferd in der Biegung ein rechtes, vermehrt tragendes Hinterbein und ein linkes freies. Auf der linken Hand ist es umgekehrt: ein linkes tragendes Bein und ein rechtes freies.

Geraderichten des Pferdes durch Biegung

Durch Gymnastizierung muss die Asymmetrie ausgeglichen werden, so dass beide Hinterbeine gleich viel Last aufnehmen und beide Seiten sich gleich gut dehnen können. Arbeit auf gebogenen Linien und das Reiten von verschiedenen Seitengängen (siehe dort) sind dabei sehr hilfreich. Parallel dazu muss der Reiter an der Beseitigung seiner eigenen Asymmetrie arbeiten. Ein schief sitzender Reiter überträgt seine Dysbalancen direkt auf das Pferd.
Im Trab kommt es beim Reiten von gebogenen Linien darauf an, zum einen genug Energie vom Pferd zu bekommen, zum anderen aber zu verhindern, dass das Pferd zu viel Tempo entwickelt und den Hilfen davonläuft.

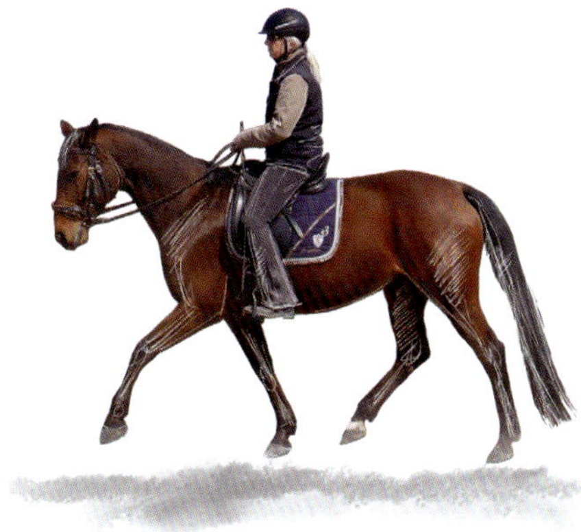

Das Reiten einer geraden Linie kann nicht über Einwirkung mit dem Zügel verbessert werden, sondern durch gute Fokussierung und einen im Gleichgewicht sitzenden Reiter, der seine Gesäßknochen gleichmäßig belastet.

Losgelassenheit als Voraussetzung für gute reiterliche Kontrolle

Ein Pferd, welches losgelassen ›über den Rücken‹ geritten wird, geht williger vorwärts und hat bessere Schulterfreiheit, als ein Pferd mit festgehaltenem Rücken. Nur bei einem solchen Pferd können die Hilfen präzise gegeben werden, um es durch Biegeübungen geradezurichten.

Kriterien für Losgelassenheit

- Der Spannungsbogen ist ungebrochen.
- Der Rumpf des Pferdes ist stabil.
- Die Schulter ist etwas angehoben.
- Die Energie aus den aktiv vorschwingenden Hinterbeinen kommt ungehindert über den Rücken nach vorne durch.
- Der Reiter kann sitzen – auch in Verstärkungen.
- Treibende und verhaltende Hilfen des Reiters kommen leicht durch (Durchlässigkeit).

Losgelassenheit braucht Vertrauen

Der Reiter muss das Pferd dazu bringen, dass es sich unter ihm entspannt (loslässt) und wohlfühlt. Viele Pferde haben sich eine vermeintliche ›Schadensbegrenzungs-Haltung‹ zugelegt, weil sie kein Vertrauen zur Einwirkung des Reiters haben. Aus dieser fehlerhaften Haltung muss sie der korrigierende Reiter notfalls mit kurzfristigem

Eingreifen an der richtigen Stelle herausholen. Dazu braucht er eine klare Idee, was er erreichen will.

Neue schwierige Lektionen und temporäre Probleme können kurzfristig zu einem Verlust der Losgelassenheit und zu Verspannungen führen. Langfristig müssen diese jedoch immer wieder beseitigt werden, sonst geht es auf Kosten der Pferdegesundheit und der Leichtrittigkeit.

Nur wenn das Pferd durchlässig ist, können Sie die Energie aus dem ›Motor‹ des Pferdes, der Hinterhand, lenken und kontrollieren. Macht das Pferd an einer Stelle seines Körpers ›dicht‹ und blockiert, dann versickert‹ an dieser Stelle die Energie aus der Hinterhand. Ihre kontrollierenden und lenkenden Hilfen können nur greifen, wenn ›Energie von hinten‹ da ist und diese auch vorne ankommt. Lässt das Pferd die Hinterhand schleifen, verspannt den Rücken oder hält die Schulter fest, verpufft die Bewegungsenergie im System und fehlt zum Lenken. Dasselbe passiert, wenn der Reiter durch ein festgestelltes Becken den Energiefluss im System blockiert.

Haltung herstellen, ohne festzuhalten

Je entspannter und freier getragen der Hals, umso besser kann die Hinterhand arbeiten (Last aufnehmen oder vortreten) und umso mehr wird der Rücken angehoben und die Kruppe gesenkt. Das gilt für Dehnungshaltung und Versammlung

Wenn das Pferd zu eng im Hals gemacht wird, kommt es aus dem Gleichgewicht. Hier sieht man deutlich die tiefe Schulter und die hohe Kruppe – eine Haltung auf der Vorhand, die die Bewegungsfreiheit des Pferdes massiv einschränkt.

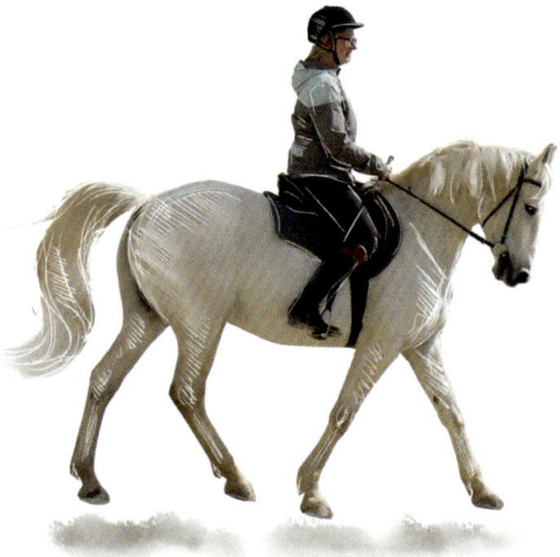

Gute Hinterhandarbeit braucht eine angehobene Schulter und einen frei getragenen Hals, egal ob in der Versammlung oder in der Trabverstärkung. Hier das gleiche Pferd wie links mit gesenkter Kruppe und guter Balance.

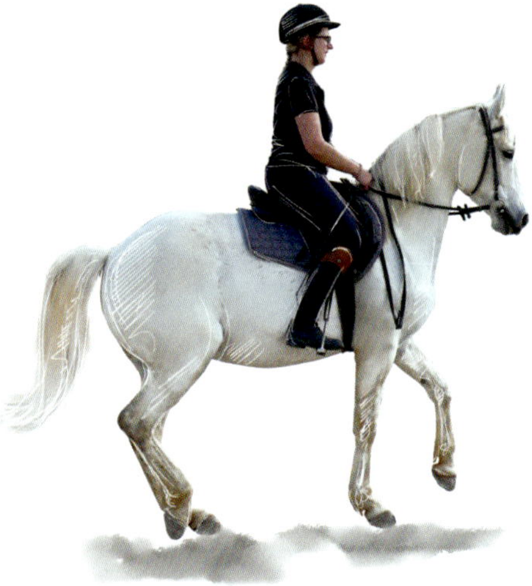

gleichermaßen. Ein verspannter Hals und ein festes Genick werden sich immer negativ auf den Vortritt der Hinterbeine und die Rückentätigkeit auswirken.

Freie Selbsthaltung ohne Stütze durch den Reiter ist das langfristige Ziel der Ausbildung: 50 Gramm Zug auf dem Zügel sollte das Maximum an Druck sein, was für Paraden und Lenkung eingesetzt wird (kurzfristige Spannungsspitzen zur Korrektur ausgenommen). Das Pferd muss den **Hals als Balancierstange** frei haben.

Die korrekte Halshaltung richtet sich nach dem Exterieur des Pferdes. Es gibt jedoch Richtlinien, die für alle Pferde gelten: Die Nase ist vor oder an der Senkrechten. Das Genick ist der höchste Punkt. Der Hals bleibt lang. Nur dann ist der Spannungsbogen korrekt, d.h. das Nackenrückenband ›tragfähig‹ gespannt und die Haltung stabil.

Die ›formal richtige Haltung‹ darf nicht erzwungen werden. Solange das Pferd den Unterhals nicht aktiv herausdrückt, kann es auch durchaus eine Haltung einnehmen, die nach landläufiger Meinung mit ›über dem Zügel‹ oder ›auseinandergefallen‹ bezeichnet werden kann. Wenn der Rücken dabei stabil und oben bleibt und die Hinterbeine gut arbeiten, kann man leichte Fehlhaltungen erst einmal ignorieren. Wenn das Pferd schließlich den Rest falscher Spannung ablegt, so ergibt sich die korrekte Haltung und auch die ›Anlehnung‹ von allein.

Kontakt zur Reiterhand – ›Anlehnung‹ und Abfrage der Spannungszustände

Das Pferd soll den Kontakt zur Hand des Reiters suchen (das bezeichnet der Begriff ›Anlehnung‹ in der Ausbildungsskala). Es darf sich jedoch nicht auf dem Zügel abstützen, sich darauf legen oder dagegen ziehen. Anlehnung bedeutet nicht,

- dass der Reiter den Kopf des Pferdes trägt,
- dass das Pferd am Zügel zieht,
- dass der Reiter am Zügel (nach hinten) zieht.

Anlehnung bedeutet stattdessen ›Genick- und Haltungskontrolle‹. Selbsthaltung beider Partner mit freiwilligem Kontakt ist gefragt. Der Reiter spürt/weiß, was das Pferd mit Genick, Maul und Rücken tut (er erkennt den Zustand des Spannungsbogens am Zustand des Genicks).

Das Pferd sucht den Kontakt mit der Hand, missbraucht den Zügel jedoch nicht als Stütze. In vielen Reitsystemen reicht das Gewicht der Zügel für den Kontakt.

Der Reiter kontrolliert die Weichheit des Genicks und die Energie im System, bevor das Pferd die Haltung aufgibt. Er fragt das Pferd praktisch ab durch **›Spielen mit dem Maul und mit der Vorwärtsenergie‹.** (Verändern der eigenen Körperspannung und Energierichtung. Faust öffnen und schließen.)

Fragen Sie die Reaktionsbereitschaft des Pferdes auch dann ab, wenn alles in Ordnung ist – in Form von halben Paraden: »Bist du bereit, zu reagieren, wenn ich jetzt eine Veränderung fordere?« Das Reiten von Übergängen ist dafür ideal.

Richtige Anlehnung entsteht von allein, wenn alles andere stimmt.

Die korrekte Haltung von Kopf und Hals des Pferdes gilt bei vielen Reitern als das Hauptkriterium für gutes Reiten. Viel wichtiger und vor allem Voraussetzung für gute Kopfhaltung ist jedoch die aktive Arbeit der Hinterhand, die ungehinderte

Rückentätigkeit sowie Schulterfreiheit des Pferdes, die erst die ›gute‹ Haltung von Hals und Kopf möglich machen. Wenn man vorsichtig korrigierend einwirkt und immer wieder nachgibt, **findet das Pferd schließlich seine funktionelle Haltung, in der es den Reiter am besten tragen kann,** von allein.

Wer jedoch in erster Linie an der Kopf- und Halshaltung arbeitet, ›zäumt das Pferd vom Schweif her auf‹. Und wer dafür auch noch Hilfszügel einsetzt, muss sich über ein schwer lenkbares und steifes Pferd nicht wundern.

Die Angst vor Gleichgewichtsverlust

Viele Probleme mit der Kontrolle von Tempo und Richtung resultieren aus der Angst des Pferdes vor Gleichgewichtsverlust.

So mancher Mensch kann sich nicht vorstellen, dass ein großes Pferd, welches auch noch 4 Beine zum Abstützen hat, Probleme mit dem Gleichgewicht bekommen könnte, nur weil da jetzt ein Reiter draufsitzt, der maximal 15 % des Pferdegewichts auf die Waage bringt. Tatsächlich ist das Pferd viel anfälliger für Gleichgewichtsprobleme als die meisten Reiter denken. Insbesondere im flotten Tempo und wenn Kraft und Kondition fehlen, hat das Pferd ein echtes Problem. Je nach Veranlagung wird es versuchen, sein Gleichgewicht durch mehr Tempo zu erhalten und der Reiter hat keine Chance, es gesittet durchzuparieren. Oder es geht nicht vorwärts und versucht, die Beine nicht allzu sehr zu heben. Das ist oft kein Ungehorsam, sondern pure Angst vorm Umfallen.

Dieses junge Pferd experimentiert noch mit der Haltung, zieht nach unten und überlastet die Schulter. Da hilft nur ein Loslassen des Zügels, so dass es keinen Grund mehr hat, dagegen zu ziehen. Hier fehlt noch Kraft in den Hinterbeinen.

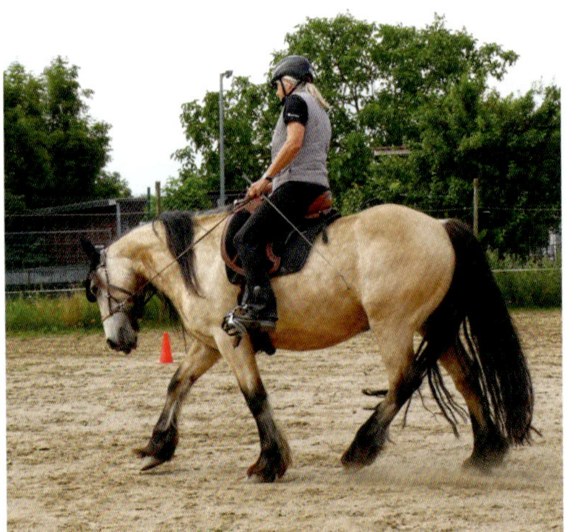

Hier sieht die Haltung funktioneller aus. Die Schulter ist zwar immer noch nicht ganz frei, aber die Balance ist deutlich besser. Durch viele Übergänge (Anhalten-Rückwärts-wieder Antraben) kann die Hinterhandarbeit mit der Zeit verbessert werden, so dass das Pferd die Schulter anheben kann.

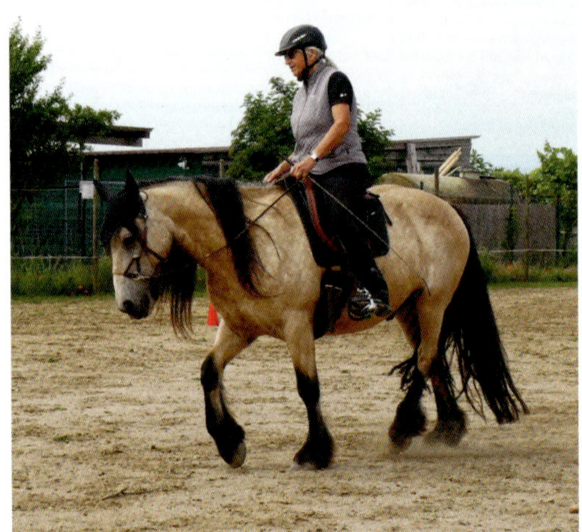

Da hilft nur kontrollierte, langsame Arbeit mit Biegung und Übergängen, die das Pferd zwingen, sich immer wieder neu zu sortieren. So lange, bis es Vertrauen zum Gewicht des Reiters und zu dessen Einwirkung bekommen hat.

Die ›Aufwärtstendenz‹ in der Bewegung – das Pferd ›vor sich‹ bekommen

Das Pferd muss immer ein wenig mehr Energie anbieten, als der Reiter brauchen kann, diese Energie aber auch kontrollieren lassen.

Reiten mit Servolenkung (Re)sensibilisierung

Um das Reiten nicht zum Kraftakt zu machen, sondern die Servolenkung einzuschalten, braucht es die Sensibilisierung auf feine Hilfen, nötigenfalls bei manchen Pferden auch eine Resensibilisierung. Damit soll absolute Reaktionsbereitschaft hergestellt werden.

Resensibilisierung funktioniert nur, ...

- wenn der Reiter stabil und ausbalanciert ist
- und ganz genau weiß, was seine Körperspra-

Zweimal das gleiche Pferd: links mit hoher Kruppe und eingerolltem Hals. In dieser Haltung kann der Reiter keinen Kontakt herstellen und die Hilfen laufen teilweise ins Leere. Rechts mit angehobener Schulter und getragenem Hals. Der Reiter hat so das Pferd vor sich und die Energie kommt von hinten nach vorne durch.

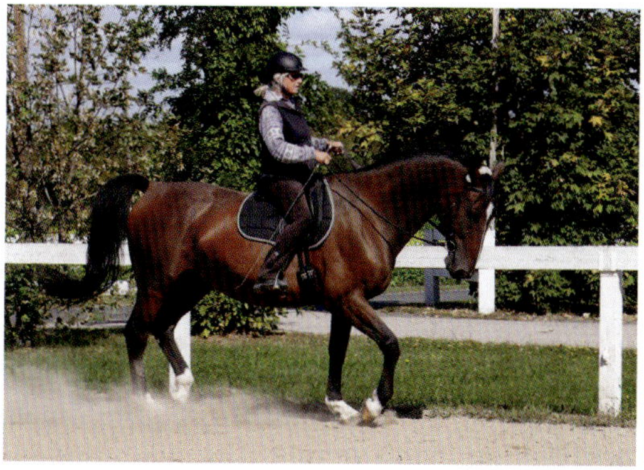

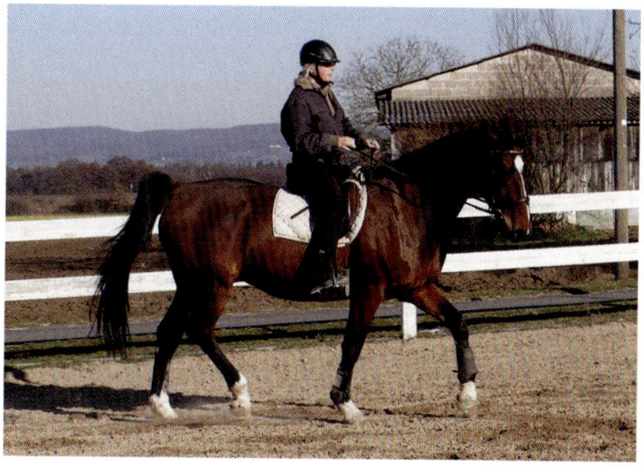

In der freien Arbeit und an der Hand finden viele Pferde ihre funktionelle Haltung von allein, wenn man sie etwas anleitet.

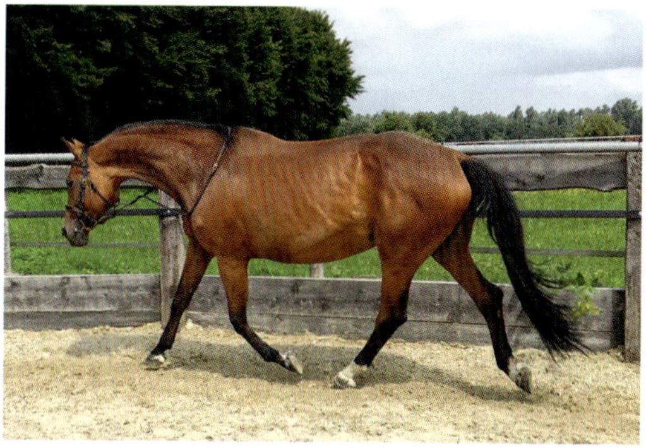

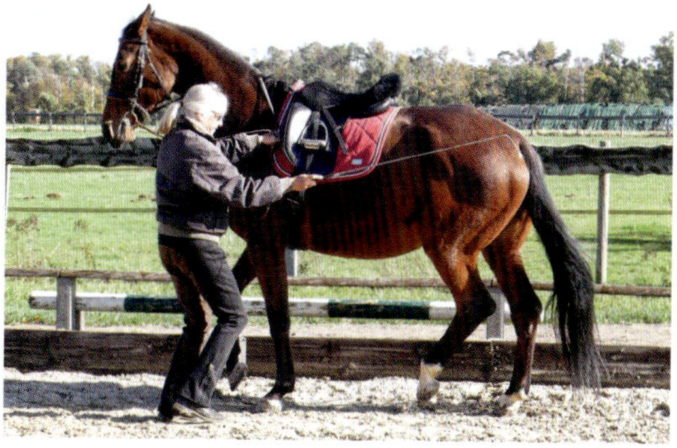

che dem Pferd in jedem Augenblick sagt, so dass er nicht unbewusst eine Hilfe mit einer anderen neutralisiert.

- wenn er eine Reaktion des Pferdes auf leichte Signale unter allen Umständen einfordert (mit passenden Verstärkern, z.B. der Gerte, nicht mit vermehrtem Druck!).
- wenn er seine Einwirkung bewusst minimiert. Jedes Signal soll eine Reaktion auslösen. Damit muss das ›Einspannen‹ des Pferdes mit dauerndem Treiben und Gegenhalten zugunsten freier Balance entfallen.

Vergeuden Sie Ihre Hilfen nicht für den ›Normalbetrieb‹, sonst haben Sie nichts mehr übrig, wenn Sie mehr Energie brauchen.

Kraft und Eleganz

Für eine lässige Eleganz des Reiter-Pferd-Paares brauchen Mensch und Pferd Kraft.
Wenn es sich dabei um die ›richtige‹ Kraft handelt, sieht man in der Vollendung nichts davon. Das Pferd braucht Stabilität im Rumpf (= korrekte Körperspannung) und Kraft in der Hinterhand, um die Hanken zu winkeln und schließlich versammelt ›im Beugegang‹ zu gehen. Wer schon einmal ein paar Kniebeugen gemacht hat, weiß, dass es viel Training braucht, um eine größere Zahl von Kniebeugen hinzubekommen, ohne dass die Muskulatur aussteigt. Da Losgelassenheit in der Bewegungsmuskulatur gefordert ist, darf man das Pferd nicht zu früh und zu lange versammeln, sonst produziert man VERspannung (zumal es ja noch das Reitergewicht mit bewegen muss). Aus diesem Grund haben manche von den ›alten Meistern‹ die Pferde erst unter dem Reiter galoppiert, wenn die Seitengänge im Trab gefestigt waren und das Pferd einen gewissen Versammlungsgrad erreicht hatte. Es gibt durchaus Pferde, bei denen diese Vorgehensweise auch heute noch angebracht ist.
Auch der Reiter braucht Kraft, jedoch nur in Form von isometrischer Haltespannung (= Körperspannung), die auch bei ihm Losgelassenheit in der Bewegungsmuskulatur und ein frei bewegliches Becken gewährleistet. Wendet er Kraft in Arm oder Bein auf, um das Pferd zu kontrollieren, so geht das immer auf Kosten der Losgelassenheit des gesamten Reiter-Pferd-Paares und blockiert freie – und elegante – Bewegung.

Dehnungshaltung und ihre Grenzen

Vorwärts-abwärts oder vorwärts-aufwärts?

Dehnungshaltung ≠ auf der Vorhand schlurfen
Eine zweckmäßige Dehnungshaltung – das sogenannte Vorwärts-abwärts-Reiten – soll dem Pferd eine ungehinderte Bewegung mit durchlässigem Rücken unter dem Reiter ermöglichen. Die Tragfähigkeit des Rückens wird dabei aufgebaut. Es gibt jedoch einige wichtige Kriterien für wirklich korrekte Dehnungshaltung:

- 1. eine aktive Hinterhand, hohe Energie in der Bewegung.
- 2. eine frei bewegliche, angehobene Schulter.
- 3. ein gedehnter, frei getragener Hals.
- 4. ein bewegliches Genick (nicht tiefer als Widerristhöhe getragen).
- 5. Nase vor der Senkrechten und etwa auf Höhe des Buggelenks (bei Pferden mit hoch angesetztem Hals eventuell auch höher).

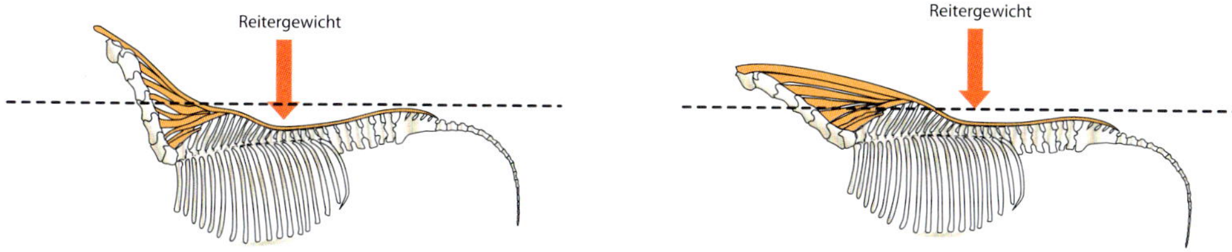

Die korrekte Dehnungshaltung soll den Rücken des Pferdes durch die Spannung des Nacken-Rückenbandes nach oben bringen und tragfähig machen. Der Rücken muss nach oben kommen, wie im rechten Bild zu sehen.

- 6. und vor allem ein angehobener und frei beweglicher Rücken sowie eine insgesamt **gedehnte Oberlinie** des Pferdes (da kommt der Begriff her).

Die Vorwärts-abwärts-Dehnungshaltung ist jedoch eine vorübergehende Haltung, die mit fortschreitender Ausbildung durch freie Selbsthaltung (nennen wir es ›Vorwärts-aufwärts-Reiten‹) ersetzt und dann nur noch zur kurzfristigen Entspannung, als Pausenhaltung, genutzt wird.

Wo die Dehnungshaltung missverstanden und das Pferd energielos mit schleppenden Hinterbeinen, fester Schulter und eingerolltem Hals ›in den Boden geritten‹ wird, ist sie schädlich und bringt keinen Ausbildungsfortschritt.

Zudem gibt es Pferde mit hohem Halsansatz (Iberer und Friesen z.B.), die man nur in einer etwas modifizierten Form der in den Lehrbüchern propagierten Dehnungshaltung reiten kann. Im Prinzip braucht jedoch jede Haltung des Pferdes (auch die versammelte) einen gedehnten, langen Hals, eine freie Schulter und einen starken, schwingenden Rücken – nur dass sich das Pferd in der Versammlung durch vermehrte Hankenbeugung hinten setzt und die Schulter anhebt. Keinesfalls wird der Hals verkürzt. Schulterfreiheit ist ein wesentlicher Bestandteil jeder zweckmäßigen Haltung und für gute Verstärkungen ein absolutes Muss.

Angehobene Schulter, Schulterfreiheit, freie Balance

Die für die Elastizität einer Bewegung notwendige ›freie Balance‹ des Pferdes muss sich ohne dauerhaft ›haltende‹ Hilfen entwickeln. Das bedeutet, wie schon erwähnt:

- Reiter und Pferd müssen sich unabhängig voneinander ausbalancieren.
- Das Pferd darf keine Gelegenheit bekommen, sich auf dem Zügel abzustützen.
- Der Reiter darf nicht am Zügel ziehen (was immer auf Kosten der Schulterfreiheit geht).

Freie Balance schont Kräfte, verbessert das Körpergefühl, sorgt für Ökonomie‹ in der Bewegung und verhindert Verschleiß. Die entstehende Bewegungsvielfalt führt zu verbesserter Koordination, die auch das Verletzungsrisiko minimiert.

Dabei sind Sie als Reiter zwar für die Balance des Pferdes mit verantwortlich, Sie können es jedoch nicht im Gleichgewicht ›festhalten‹. Stattdessen

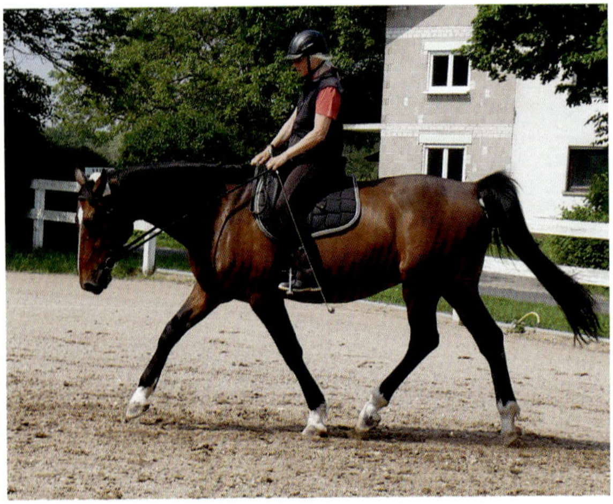

Diese Art der Dehnung mit tiefem Hals sorgt für eine kleine Entspannungspause nach anstrengender Arbeit. Viele Pferde können noch nicht lange ›in Haltung gehen‹ und müssen mit wechselnder Haltung und Zügellänge geritten werden.

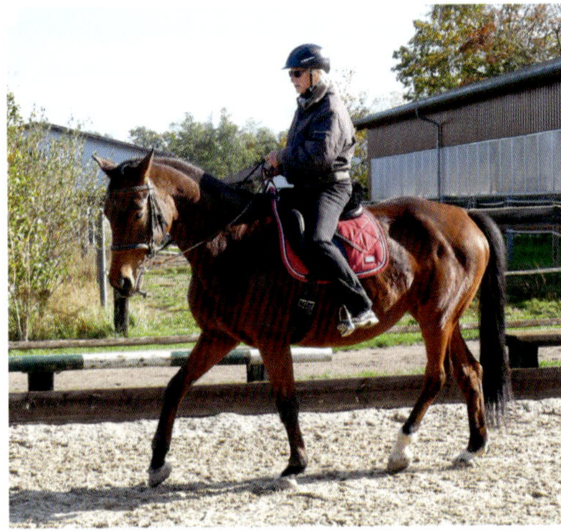

Freie Balance ohne haltende Hilfen beim Schulterherein auf der Zirkellinie.

geben Sie eine Hilfe, ein Signal (bestimmen Richtung, Tempo und Gangart), stören möglichst nicht und überlassen es dem Pferd, sich mit veränderten Anforderungen (in verschiedenen Lektionen) neu selbst auszubalancieren.
In manchen Ausbildungssystemen wird ein insgesamt erhöhter Muskeltonus erzeugt, weil das Pferd dabei mit horizontal-schiebenden Kräften (Schubkraft) gegen eine durchhaltende Hand arbeitet. Es wird zwischen treibenden und verhaltenden Hilfen eingespannt (die gängige Definition des Spannungsbogens). In der Bewegungsmuskulatur entstehen dadurch falsche isometrische (= dauergespannte) Anteile. Dadurch wird die Bewegungsvielfalt eingeschränkt. Insbesondere die Kombination aus ständigem ›Gegensitzen‹ und ›Gegenhalten‹ macht das Reiten zum Kraftakt. Jede Form von Zwang verhindert jedoch, dass sich das Pferd selbst ausbalanciert. Zwang erzeugt Stress und verhindert, dass das Pferd sich unter dem Reiter wohlfühlen kann. Vermeidung von Zwang bedeutet allerdings nicht, dass man das Pferd einfach laufen lässt, wie es möchte – auch das führt nicht zum Erfolg, sondern ist in den meisten Fällen gesundheitsschädlich. Stattdessen muss der Reiter ihm durch Erziehung und gezielte Einwirkung mit sparsamen Impulsen immer wieder eine Anleitung geben, wie es besser mit dem Reitergewicht klarkommen kann.

Die Arbeit der Bauchmuskeln

Der stabile Rücken und was Rückenschmerzen mit schlechter Bauchmuskelarbeit zu tun haben

Um das Nacken-Rückenband zu dehnen und den Rücken stabil zu machen, müssen die Bauchmuskeln des Pferdes arbeiten. Sie sind beteiligt am Vortreten der Hinterbeine und am Anheben des

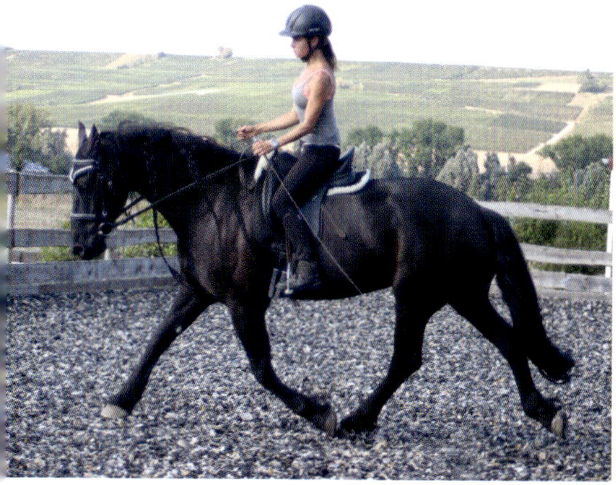

Gedehnte Oberlinie im flotten Trab ohne unnötig verspannte Anteile und mit positiver Diagonale.

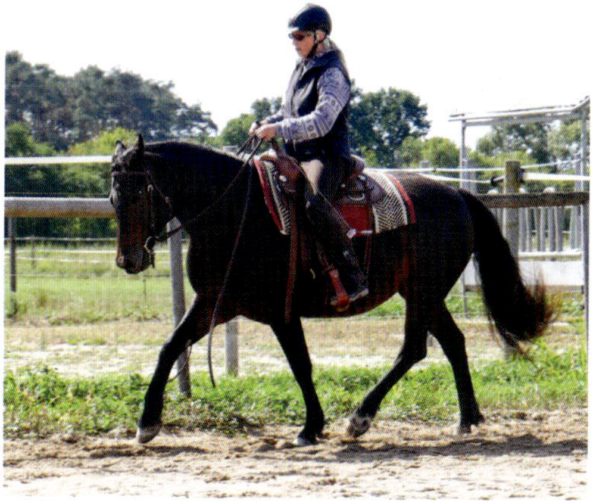

Die ›richtige‹ Dehnungshaltung sieht bei verschiedenen Pferdetypen anders aus.

Rückens. Pferde, die einen ausgeprägten Hängebauch haben, lassen im Allgemeinen den Rücken nach unten durchhängen. Durch dieses Hohlkreuz werden die Hinterbeine in ihrer Beugefähigkeit massiv beeinträchtigt und arbeiten eher steif nach hinten heraus. Die Rückenschmerzen sind damit vorprogrammiert.

Der Mensch kann das bei sich selbst testen, indem er mit starkem Hohlkreuz läuft und versucht, die Knie zu beugen. (Als Gegentest: mit Rundrücken laufen und die Schultern locker tief hängen lassen: Die Knie können sich beugen, die Schritte werden viel länger und der Bewegungsablauf weicher und leichter.)

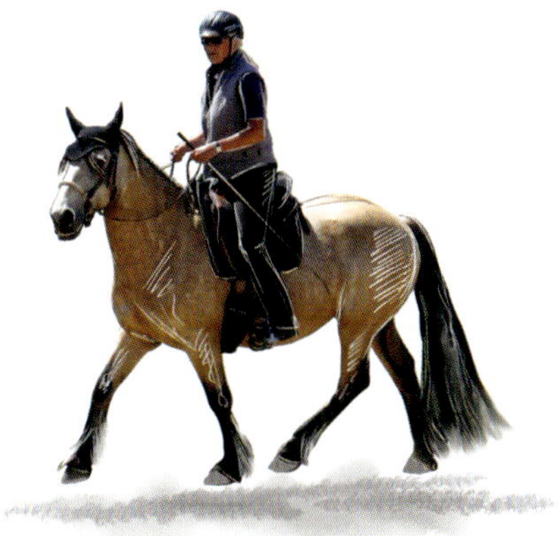

In dieser Haltung arbeiten die Bauchmuskeln des Pferdes nicht. Es drückt den Rücken weg und der Bauch hängt nach unten. Das Nacken-Rückenband ist nicht gedehnt/gespannt. So kann das Pferd den Reiter nicht schadenfrei tragen. Ein rückwärts wirkender Zügel oder auch Hilfszügel wären hier fatal – genauso wie das Aussitzen. Durch Biegeübungen kann man dem Pferd klarmachen, dass es sich besser ausbalancieren kann, wenn es den Hals fallen lässt.

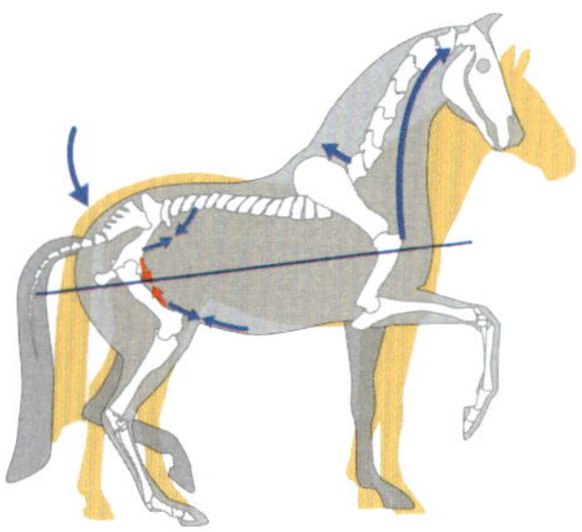
Korrekte Versammlung mit gesenkter Kruppe und langem Hals.

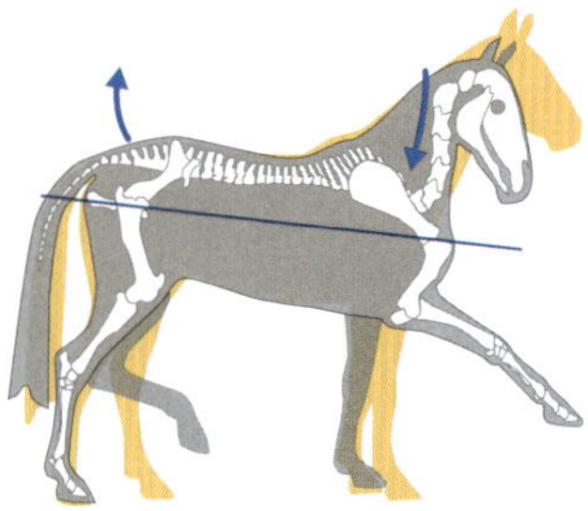
Falsche Versammlung mit verkürztem Hals und hoher Kruppe.

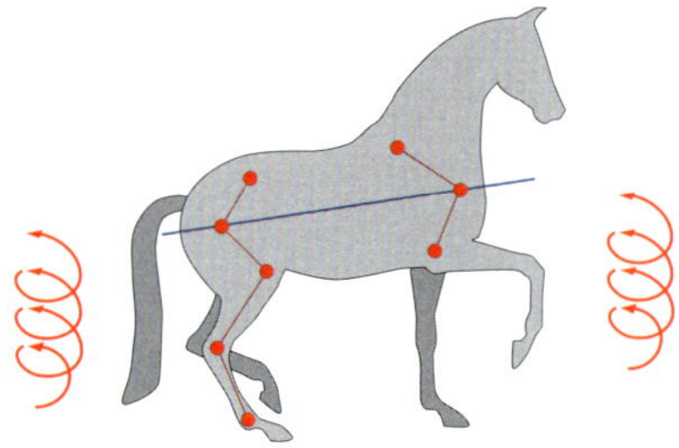
Hankenbeugung. Die gebeugten Gelenke arbeiten wie eine Sprungfeder.

Tragfähigkeit, Tragkraft und Schubkraft

In seiner Eigenschaft als Reitpferd sollte man das Pferd im Verlauf der Ausbildung versammeln. Dafür müssen die horizontal schiebenden Kräfte in tragende umgewandelt werden. Eine Arbeit ›auf der Hinterhand‹ mit angehobener Vorhand stärkt den Rücken, verhindert Überlastungsschäden an Sehnen und Gelenken und verbessert die Kontrolle des Pferdes durch den Reiter.

Versammlung und Aufrichtung

Versammlung ist eine natürliche Haltung, die das Pferd z.B. bei bei Spiel-, Kampf- und Imponierverhalten einnimmt. Versammlung nimmt Last von der Vorhand weg und sorgt für **Schulterfreiheit**. Ein korrekt versammeltes Pferd kann mit beweglicher Schulter und ›leichter‹ Vorhand schnell auf Hilfen zur Richtungs- und Tempoänderung reagieren. Es ist perfekt ausbalanciert, wird damit leichtrittig und lässt den Reiter bequem sitzen.

Mit dem Zusatzgewicht des Reiters fällt ihm dies natürlich schwerer, weil es mehr Kraft dafür aufwenden muss, sich in eine ›Aufwärts-Balance‹ zu bringen – im Trab mehr als im Schritt und im Galopp noch einmal deutlich mehr als im Trab. Optisch hervorstechendes Merkmal guter Versammlung ist der höher getragene Hals, **die Aufrichtung**. Diese kommt durch Anheben der Pferdeschulter und Senken der Kruppe mit **Han-**

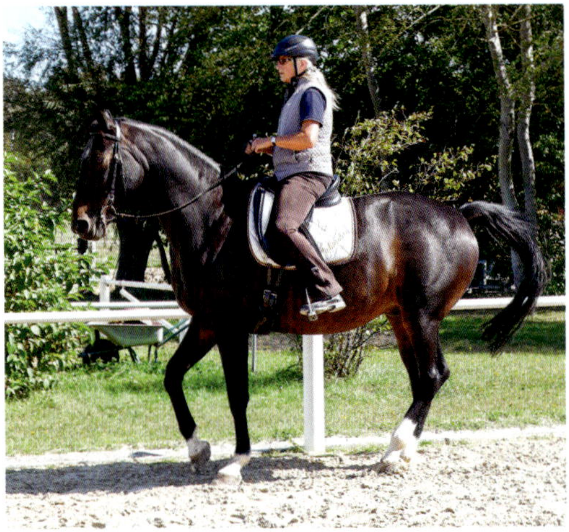
Richtige Versammlung braucht Hals- und Schulterfreiheit.

e Piaffe als Gradmesser für korrekte Versammlung
der Piaffe zeigt sich, ob die Versammlung wirklich korrekt
. Auf dem **Bild links** stimmen alle Parameter: Die Beine ar-
iten senkrecht zum Boden. Die Aufrichtung kommt aus der
gehobenen Schulter, sodass die Nase vor der Senkrechten
eiben kann. Die Kruppe ist gesenkt, die Hinterbeine arbeiten
›Beugegang‹. Der Reiter sitzt aufrecht und ausbalanciert.
f dem **Bild rechts** stimmt nichts: Die Vorderbeine sind nach
nten gestemmt, die Hinterbeine weit unter den Körper ge-
ellt. Der Hals ist verkürzt und das Pferd beißt sich in die
ust – verursacht durch zu viel Handeinwirkung. Die Rücken-
ie fällt nach vorne ab – mit hoher Kruppe und tiefer Schul-
. Durch Rücklage schiebt die Reiterin das Pferd zusätzlich
f die Schulter. Das Pferd unterbricht den Spannungsbogen,
dem es der Zügeleinwirkung nach hinten ausweicht.

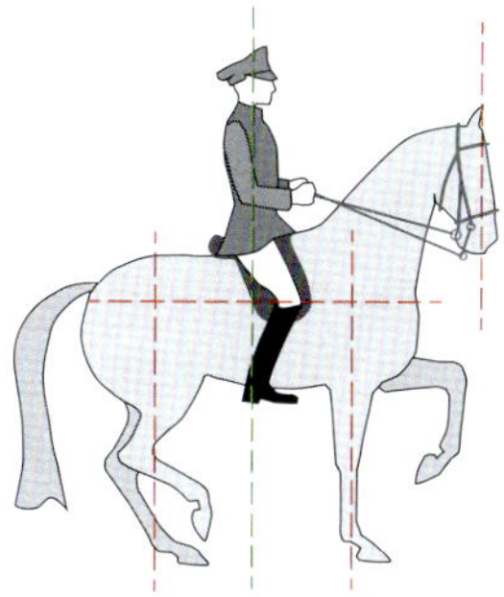

Ausbalancierte Piaffe mit korrektem Spannungsbogen des Pferdes.

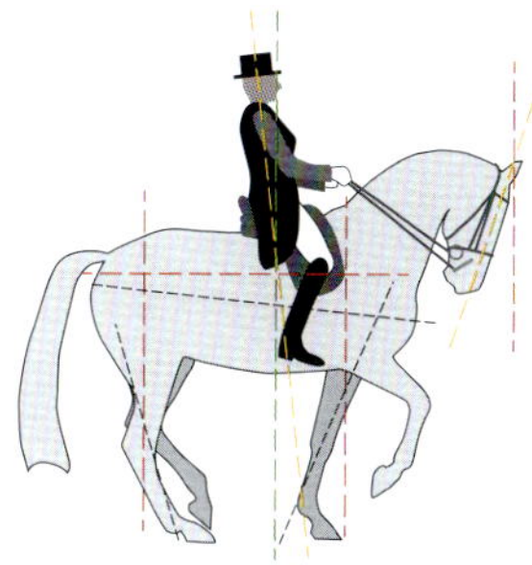

Unausbalancierte Piaffe in ungesunder, verspannter Haltung.

kenbeugung zustande. Letztere ist vergleichbar mit den Kniebeugen beim Menschen. Aufrichtung darf nicht mit der Hand erzwungen werden und der Hals darf sich nicht verkürzen.
Richtige Versammlung bedeutet: Langsamer reiten mit mehr Energie. Das Pferd wird nicht einfach langsam gemacht. Aus korrekter Versammlung muss man das Pferd jederzeit in eine Verstärkung ›herauslassen‹ können.

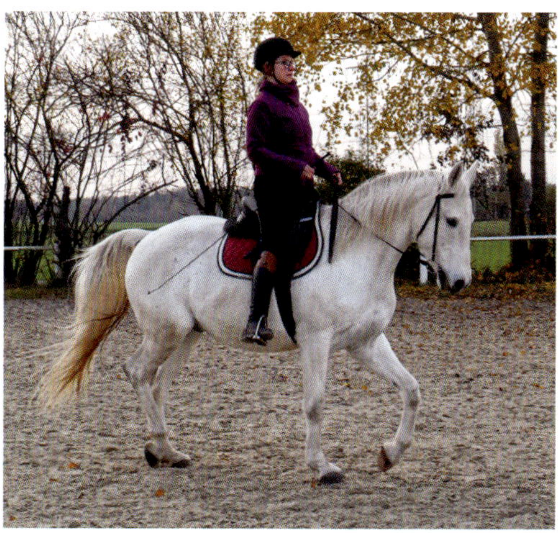

In der korrekten Versammlung **arbeiten die Beine des Pferdes senkrecht zum Boden und verweilen etwas länger in der Stützphase** als beim flotten Vorwärtsreiten.

Versammeln im Leichttraben

Pferde, die nicht sitzen lassen, kann man im Leichttraben arbeiten. Tempounterschiede bis hin zur Versammlung sind möglich. Über ein Zirkel-Verkleinern und gute Kontrolle am äußeren Zügel bei aktiver Energieentwicklung des Reiters beim Aufstehen, kann auch im Leichttraben Versammlung erreicht werden.
Die meisten Pferde können noch nicht lange in versammelter Haltung gehen. Sie brauchen Erholungspausen am längeren Zügel, in denen sie das Nackenband und die Haltemuskulatur entspannen können.
Das gilt auch im Leichttraben. Wechseln Sie also immer wieder zwischen versammelten und eher

Versammeln im Leichttraben.

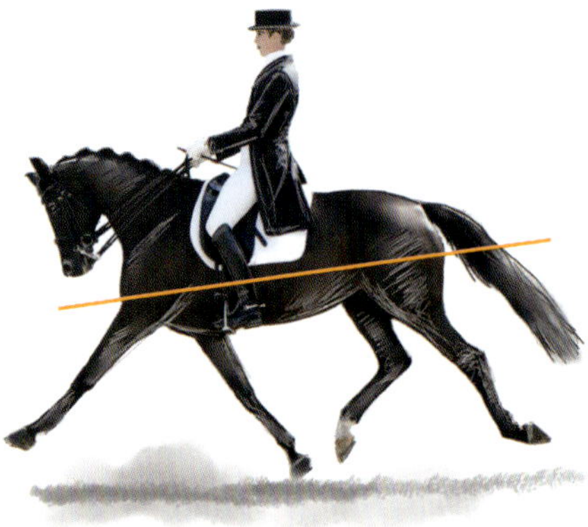

Falsche Trabverstärkung auf der Vorhand. Das Vorderbein hat den typischen ›Spannungs-Schnick‹, die Hinterbeine arbeiten nicht nach vorne, der Hals ist zu eng, die Nase hinter der Senkrechten.

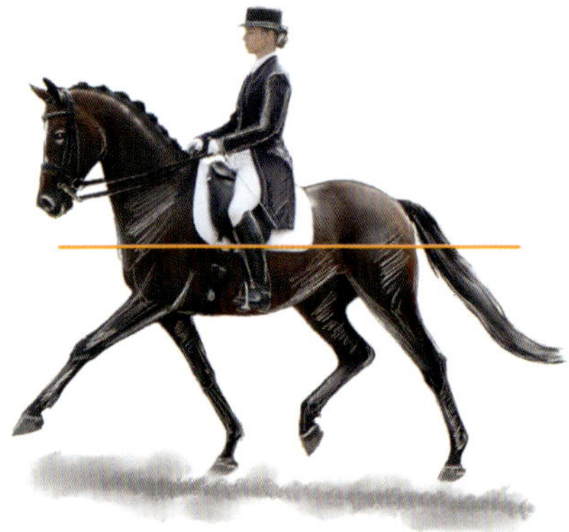

Gute Trabverstärkung aus der Versammlung heraus: mit guter Parallelität der Beinpaare, Schulterfreiheit und Vorwärts-Aufwärts-Ausrichtung.

nach vorne gedehnten Reprisen. Und bauen Sie durchaus auch Übergänge zum Galopp und zum Schritt ein sowie ein paar Tritte Schulterherein oder Schenkelweichen.

Stellen Sie sich vor, dass Sie beim Aufstehen den Rücken und die Schulter des Pferdes mit hochziehen. Bleiben Sie im Oberkörper völlig gerade und stabil. Das Leichttraben muss so ausbalanciert sein, dass Sie die Hände völlig unabhängig bewegen können und vor allem immer wieder auch (vor allem innen) nachgeben können. Denken Sie ans Umsitzen bei Richtungswechseln.

Trabverstärkungen

Gute Verstärkung braucht Versammlung. Das klingt paradox, ist jedoch recht leicht zu erklären. Eine Verstärkung muss vorwärts-aufwärts geritten werden: mit angehobener Vorhand, freier Schulter, getragenem Pferdehals und aktivem Vortreten der Hinterhand mit gebeugten Gelenken.

Das sind ähnliche Kriterien wie die für die Versammlung. Insbesondere Hankenbeugung und Schulterfreiheit brauchen gymnastizierende Vorarbeit. Das Pferd muss Federkraft in den Hanken entwickeln, bevor es eine Verstärkung zustande bringt, die nicht nach unten ›in den Boden‹ gelaufen ist.

Der Takt darf in der Verstärkung nicht eiliger werden. Nur die Tritte verlängern sich (vermehrter Raumgriff).

Das wichtigste Kriterium für richtige Verstärkungen ist, dass der Reiter sitzen kann. Das Pferd muss ihn in die Bewegung mitnehmen. Vermehrtes Vorwärtstreiben an die stehende Hand produziert dagegen meist nur ein eiliges Laufen mit verspanntem Rücken und fester Schulter, so dass der Reiter nicht mehr sitzen kann.

Die Verstärkung einfach herauslassen ...

Kann man das Pferd schon etwas versammeln, kann man Tempounterschiede reiten: Arbeitstrab, dann eine kurze Reprise im versammelten Trab, z.B. in der Ecke, fordern, um das Pferd zu einem verstärkten Beugen der Gelenke zu bringen. Das ist anstrengend. Und wenn man das Pferd dann aus dieser anstrengenden Haltung entlässt, bekommt man ein paar Tritte Trabverstärkung nach vorn-oben ›geschenkt‹. Sobald das Pferd ins eilige Laufen kommt und sich auf die Hand legt, pariert man wieder durch zum Arbeitstempo oder auch zum Schritt. Keinesfalls sollte man am Anfang eine ganze lange Seite fordern; das Pferd wird es nicht durchhalten.

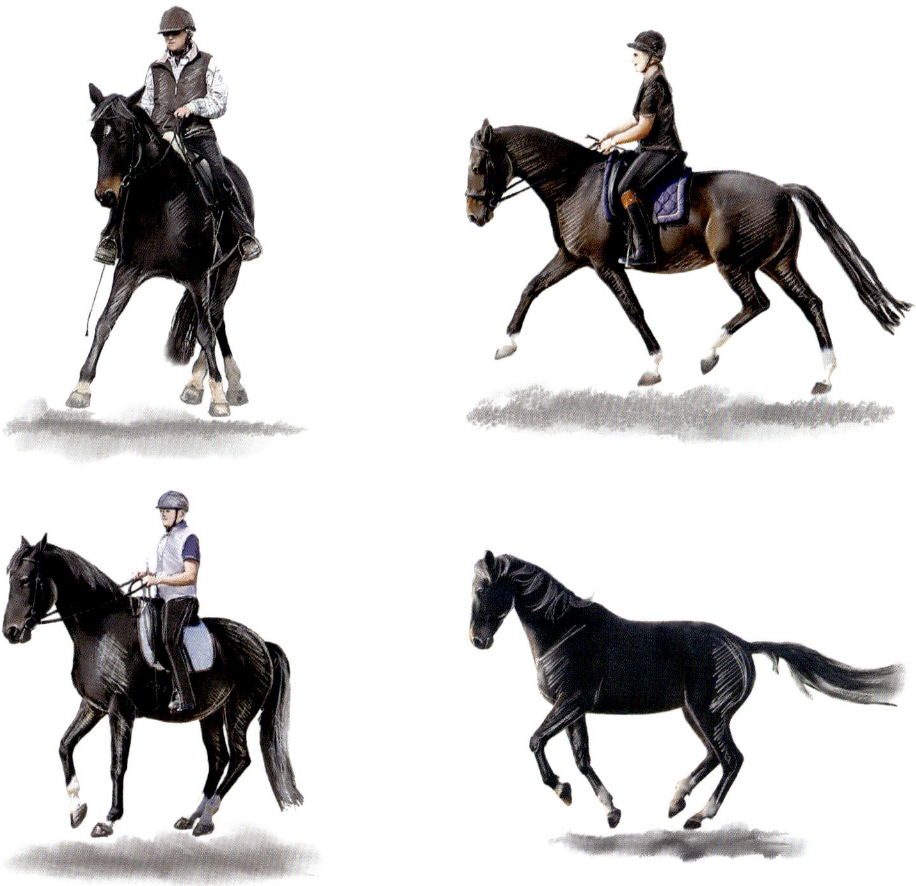

Bewegungsstudien in vorwärts-orientierter und versammelter Haltung: Das gleiche Pferd in der Trabtraversale, in der Verstärkung und der Versammlung sowie frei auf der Koppel.

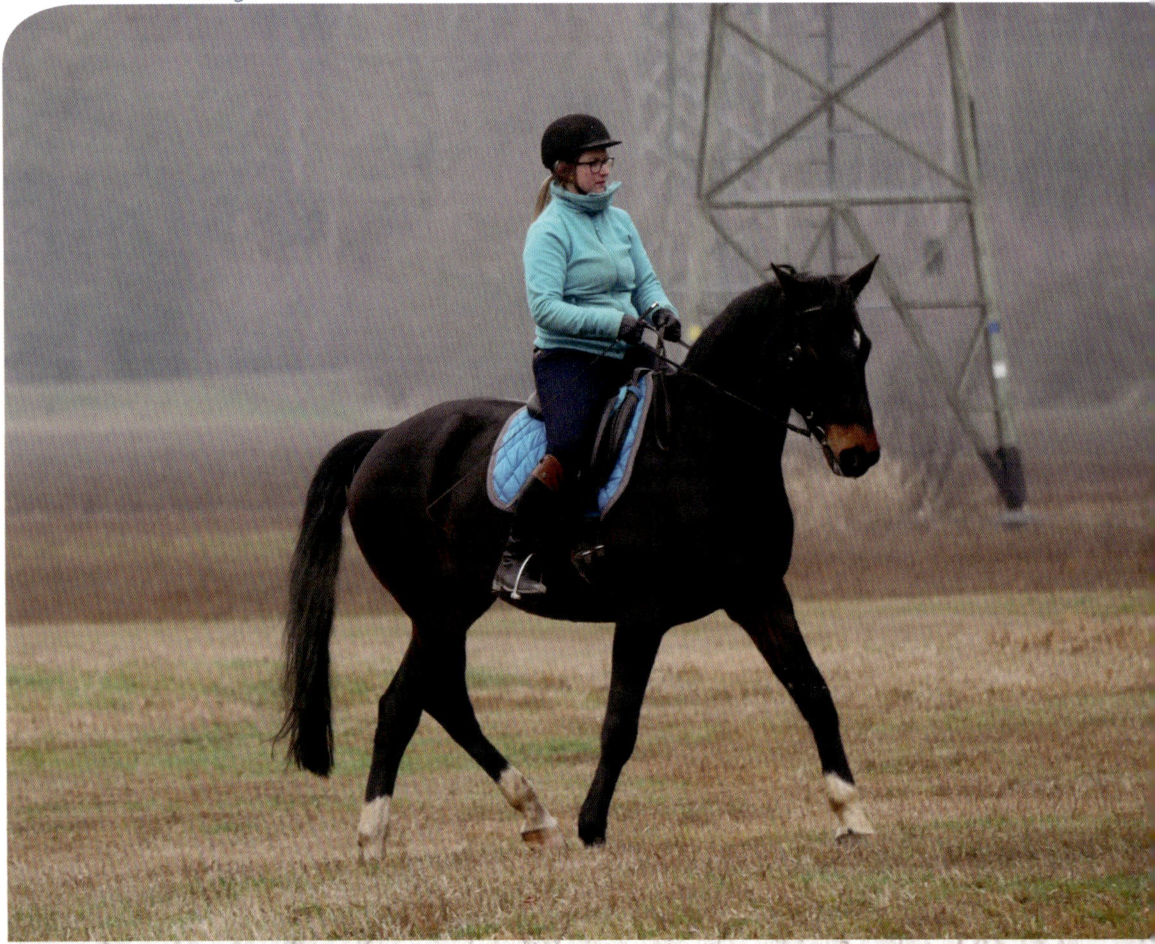

Paraden · Übergänge Seitengänge

Mit dem Reiten von korrekten Übergängen und Seitengängen bekommt man alle Probleme mit Haltung, Tempo- und Richtungskontrolle in den Griff. Das Reiten von Übergängen ist untrennbar mit dem Thema ›Paraden geben‹ verbunden. Mit der Effektivität der Paraden-Technik steht und fällt die Qualität des Überganges.

Das Prinzip guter Paraden und Übergänge in Kürze: Energie erhöhen, Hand weg und hineingleiten in die neue Gangart.

Die Parade soll ein kurzes Innehalten in der Bewegung (halbe Parade) oder ein Anhalten des Pferdes (ganze Parade) bewirken. Mit halben Paraden wird das Pferd aufmerksam gemacht und auf eine Änderung in Bewegungsrichtung, Tempo oder Gangart vorbereitet (Übergänge).
In jeder Parade müssen wir das Pferd dazu bringen, sich ohne Stütze durch die Reiterhand selbst auszubalancieren – durch Anheben der Schulter und aktive Lastaufnahme mit den gewinkelten Hinterbeinen. Zur Vorbereitung einer Parade müssen wir deswegen treiben (die Energie erhöhen), um die Hinterhand zu aktivieren und die Schulter frei zu machen. Dann bremsen wir durch ein kurzes Kippen des Beckens und einen Zügelimpuls – mit sofortigem Loslassen im Sitz (Becken senkrecht stellen) und am Zügel (nachgeben). Ein bewusstes Ausatmen und ein kurzes Zumachen/Zudrücken des Knies haben zusätzliche verhaltende Wirkung, da sie das Becken schon ankippen.
Paraden kommen umso schneller durch, je früher man den Zügel dabei wieder loslässt und je besser die Gangart vor der Parade hinsichtlich freier Balance ›in Ordnung gebracht‹ wurde.

Paraden-Paradoxe

Gas geben, um anzuhalten; Energie erhöhen, um langsamer zu reiten – für manchen mag das paradox erscheinen, aber es funktioniert tatsächlich. Im Prinzip geht es bei den Paraden immer darum, das Pferd vermehrt auf die Hinterhand zu bringen. Je schneller das Tempo, desto anstrengender ist das und das Pferd wird es nicht ganz freiwillig tun, sondern sich lieber eine Stütze in der Reiterhand suchen, wenn dieser das zulässt. Effektive Paraden funktionieren nach dem Prinzip der Stotterbremse: anbremsen – und wieder loslassen – nötigenfalls mehrmals hintereinander ... und es dem Pferd überlassen, sein Gleichgewicht wieder zu finden.

Ein einfaches ›Am-Zügel-Ziehen‹ mit Armkraft veranlasst das Pferd dazu, gegen den Zügel zu gehen oder sich einzurollen. Und einen Ziehkampf kann der Reiter keinesfalls gewinnen. Nehmen Sie also dem Pferd konsequent die Stütze weg, indem Sie den Zügel loslassen! Auch, wenn kurzfristig Haltung und Anlehnung verloren gehen.

Die gängigsten Fehler:

- Oberkörper nach hinten werfen, den Oberkörper als Hebel einsetzen.
- Druck nach vorn in den Bügel geben (sich im Bügel abstützen).
- Den Zügel zu lange annehmen.
- Mit Kraft im Arm Zügel nach hinten ziehen.

Der richtige Einsatz des Oberkörpers und Beckens für eine Parade

Es ist zwar falsch, den Oberkörper in einer Parade als Hebel einzusetzen und zurückzulehnen, der Reiter kann jedoch trotzdem die starke Muskulatur im Rumpf für ein kurzfristiges ›Dichtmachen des Bewegungsrahmens‹ nutzen. Der Oberkörper muss dabei jedoch senkrecht bleiben. Nur der Beckenkamm wird durch Zumachen des Knies und Einsatz der Bauchmuskeln in die blockierende Stellung gekippt (Gesäßknochen zeigen nach vorn).

Durch kurzes festes Schließen der Faust (bei passender Zügellänge) und deutliches Schließen der Achselhöhlen koppelt dann der Reiter seinen Arm an die Körperspannung und blockiert das Nachgeben aus dem Ellbogen. Er verriegelt praktisch die Gelenke des Arms – wirklich nur ganz kurz – und lässt sofort wieder los. Das wiederholt er bei Bedarf mehrfach. Es geht darum, dem Pferd keine Möglichkeit zu geben, sich gegen die Parade zu wehren, also einen Ziehkampf zu vermeiden und es zu zwingen, sich ohne straffen Zügel in der Parade selbst auszubalancieren.

Übergänge aus dem Trab und in den Trab und ihr Nutzen

Übergänge sind alle Veränderungen in Tempo und Gangart nach oben und nach unten (siehe auch Versammlung + Trabverstärkungen). Sie aktivieren die Hinterbeine des Pferdes, fordern verstärkte Bauchmuskelarbeit und damit Rücken-

Parade aus dem Trab zum Halten mit Aufwärtstendenz: angehobene Schulter, freier Hals und gewinkelte Hanken.

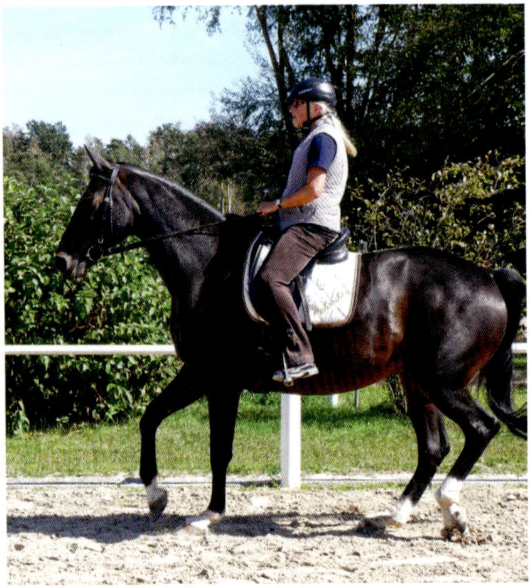

Schon in der Parade wird der Zügel wieder lose. Schließt man ein sofortiges Rückwärtsrichten, wie hier an, setzt sich das Pferd noch mehr auf die Hinterhand.

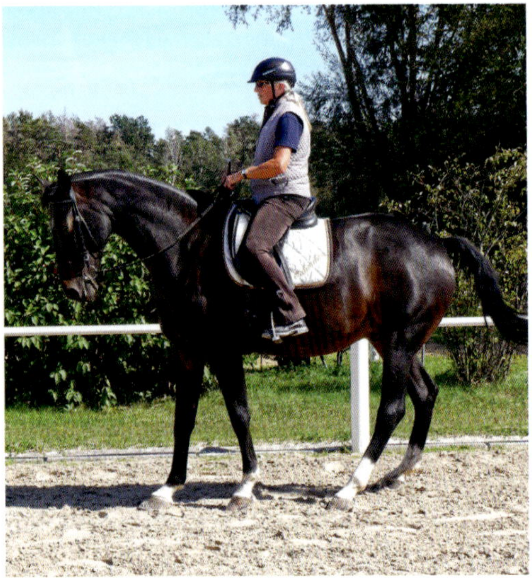

tätigkeit, fördern Aufmerksamkeit und Losgelassenheit und dienen der Verfeinerung der Hilfengebung.

Das Pferd soll alle Übergänge mit aktiver Hinterhand und freier Schulter ausführen (Aufwärtstendenz), dabei weich im Genick bleiben und sich nicht auf der Reiterhand abstützen.

Idealerweise ist in jedem Übergang – nach oben und unten – der Zügel lose, so dass das Pferd keine Stütze findet und keinen Anlass hat, sich gegen den Zügel zu wehren. Das Pferd soll sich frei ausbalancieren. Die ›richtige‹ (Hals-)Haltung ist anfangs zweitrangig und ergibt sich später von allein.

Mit dem Reiten von Übergängen zwingt man das Pferd dazu, sich immer wieder neu auszubalancieren. Das funktioniert jedoch nur, wenn der Reiter im Übergang auf einen straffen Zügel verzichtet. Notfalls nimmt er es auch kurzfristig in Kauf, dass das Pferd die Haltung verliert. Es geht darum, dem Pferd eine Stütze zu verweigern. Andernfalls wird das Pferd insbesondere in einem Übergang vom Trab zum Schritt oder zum Halten versuchen, sich auf die Hand des Reiters zu legen und auf die Vorhand fallen, statt seine Hinterbeine durch Vortreten und Winkeln zum Ausbalancieren zu nutzen.

Auf diesen und den folgenden Seiten erkläre ich an Hand von Bildern, auf was bei den verschiedenen Übergängen zu achten ist und wo die besonderen Schwierigkeiten liegen.

Im Einzelnen sind es **Schritt-Trab, Halten-Trab, Halten-Rückwärts-Trab, Galopp-Trab sowie Tempounterschiede Versammelter Trab-Arbeitstrab-Mitteltrab.**

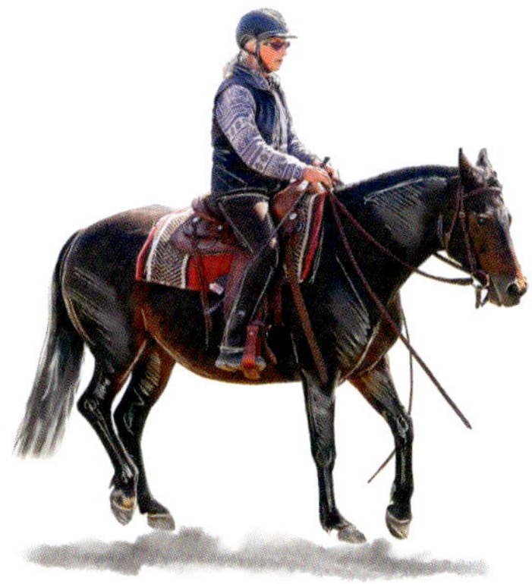

Parade aus dem Trab zum Halten: Der Oberkörper bleibt senkrecht; über die Bauchmuskeln wird kurzfristig das Becken gekippt und am Zügel ein kurzer Impuls zum Innehalten gegeben. Das Reiterbein bleibt in Normallage, das Knie wird kurz zugemacht.
Das Pferd stoppt mit freiem Hals und freier Schulter ›bergauf‹ – also mit vermehrter Hankenbeugung hinten.
Reitweise und Ausrüstung sind dabei nebensächlich – das Prinzip ist immer das Gleiche.

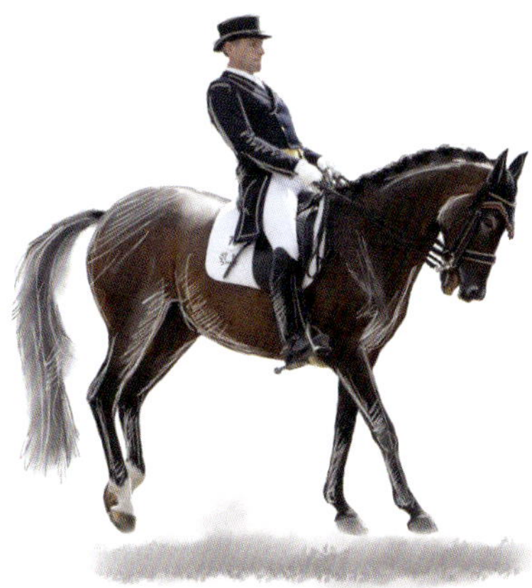

Auf dem Bild sind alle Fehler zu sehen, die man beim Durchparieren machen kann. Das Pferd fällt auf die Vorhand, statt sich über Vortreten und Winkeln der Hinterbeine auszubalancieren. Der Reiter setzt den Oberkörper als Hebel ein und stemmt die Beine nach vorne in den Bügel, um mit mehr Kraft ziehen zu können. Zudem ist das Becken in dieser Haltung nicht gekippt, so dass keine hemmende Wirkung auf die Bewegung des Pferderückens entsteht.

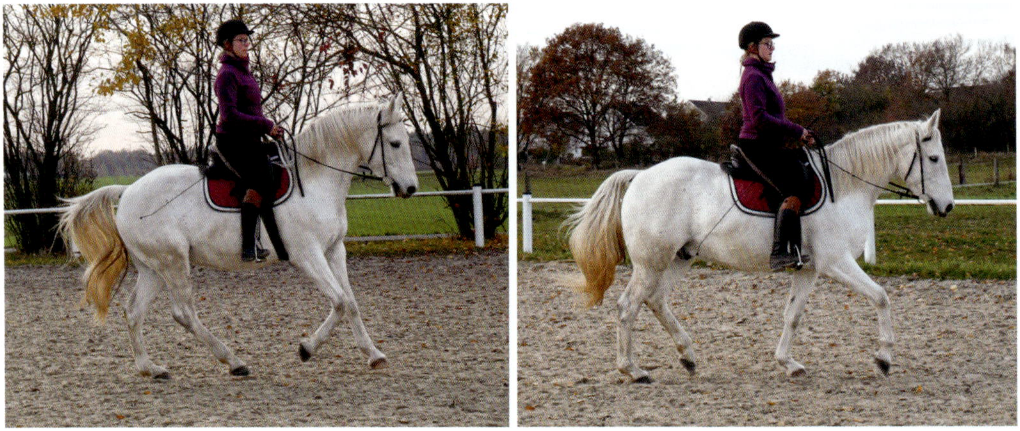

Übergang Galopp-Trab: Sorgen Sie dafür, dass das Pferd vor einem Übergang in Selbsthaltung geht und keine Stütze in der Hand findet. Durch Ankippen des Beckens und ein kurzes Annehmen des Zügels (Schließen der Faust) lässt sich das ausbalancierte Pferd leicht durchparieren. Es sollte dabei nicht eng im Hals werden.

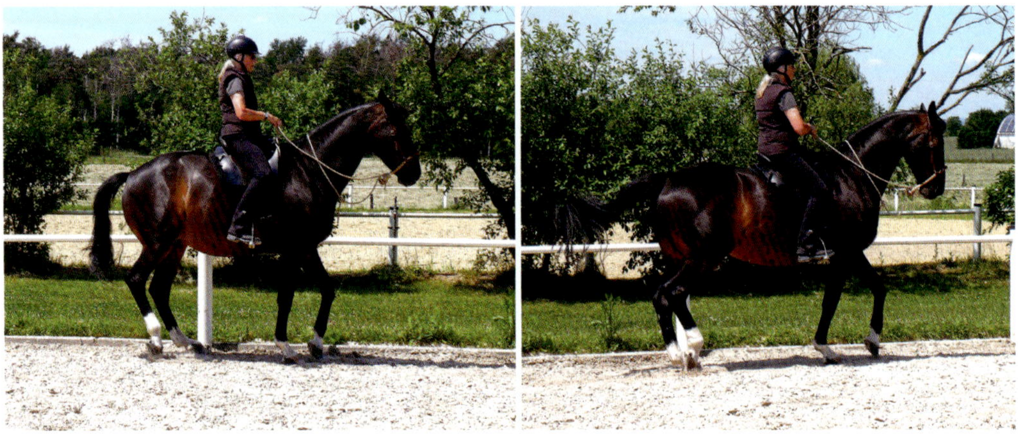

Übergang Rückwärtsrichten-Trab: Wichtig ist dabei, dass das Pferd mit freier Schulter und angehobenem Hals rückwärts geht und beim Vortreten nicht durch einen straffen Zügel behindert wird.

Stop-and-Go

Eine gute Übung für mehr Impulsion ist das Stop-and-Go. Ein Anhalten des Pferdes aus dem Trab mit sofortigem erneuten Antraben. Statt einer halben wird eine ganze Parade gegeben. Das funktioniert auch im Leichttraben und in den Seitengängen.

Übergänge im Leichttraben

Insbesondere bei Pferden mit Rückenproblemen und Reitern, die gern das Becken festhalten, ist die Arbeit im Leichttraben auch für Übergänge und Seitengänge zu empfehlen. Das ist etwas gewöhnungsbedürftig, hält dem Pferd jedoch den Rücken frei und verhindert, dass der Reiter in

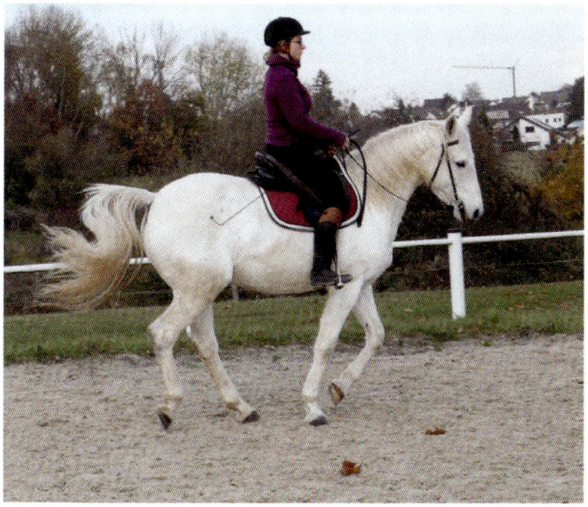

In der Einbeinstütze vorne zeigt sich immer am besten, ob das Pferd im Galopp ausbalanciert ist.

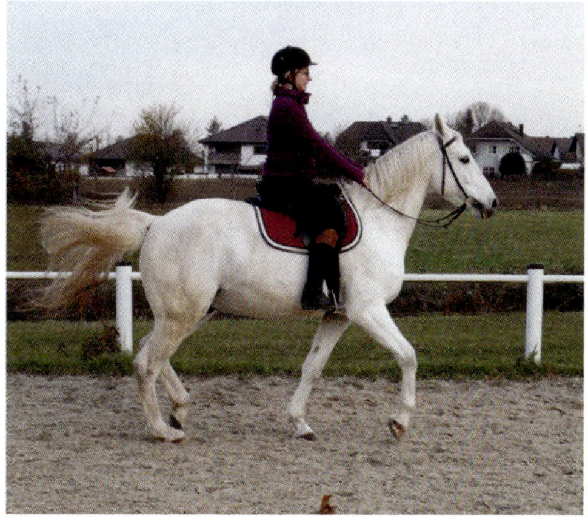

Antraben aus dem Halten. Zu Anfang ist es nicht unbedingt nötig, das Pferd in Haltung zu reiten. Wichtig ist das prompte Befolgen der Hilfe für den Trab. (Impulsion herstellen)

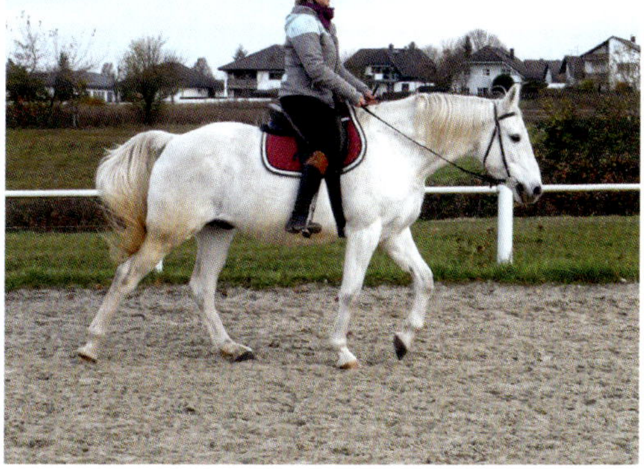

Übergang vom Trab in den Schritt ohne Zügel: Dem Pferd den Hals lang lassen und erst nach einigen Tritten wieder Haltung herstellen. Das ist gewöhnungsbedürftig, verhindert aber falsche Spannung und stockende Übergänge.

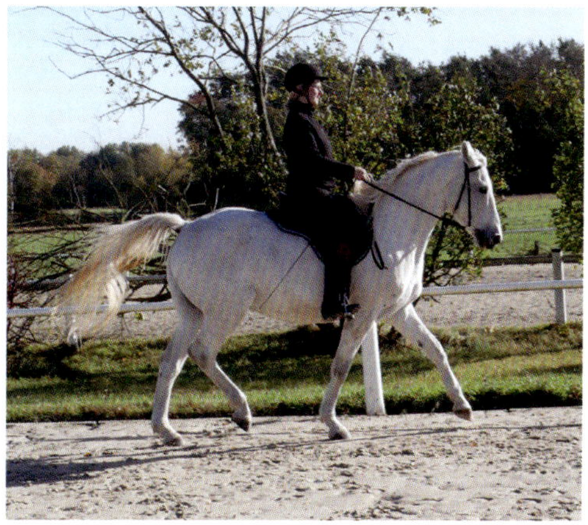

Zulegen im Tempo: positive Energieentwicklung nach vorn-oben bei freiem Hals.

Übergängen klemmt oder in die Rücklage fällt. Wenn ein Pferd sich im Übergang auf die Hand legt oder dagegen geht kann man den Zügel loslassen und es ruhig aus der korrekten Haltung ›herausfallen‹ lassen. Nur kann man es dann nicht aussitzen, weil der Rücken ›weg‹ ist – also trabt man leicht, um weder den eigenen, noch den Rücken des Pferdes zu strapazieren (oder geht sogar kurz in den leichten Sitz). Wichtig ist, aktiv leichtzutraben und selbst die Energie zu steuern, nicht nur zu nehmen, was das Pferd anbietet, und Übergänge nach unten auf jeden Fall mit Stimmhilfen zu unterstützen, damit man den Zügel möglichst wenig einsetzen muss.

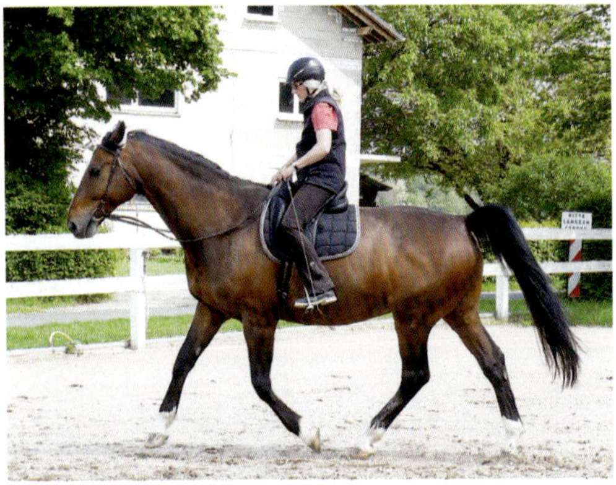

Antraben aus dem Schritt ohne Zügel. Hier sieht man deutlich die Bergauftendenz der Bewegung. Insbesondere bei Pferden, die zäh auf treibende Hilfen reagieren oder gegen die Hand gehen kann man damit die Übergänge verbessern. Das ist natürlich nur eine vorübergehende Maßnahme.

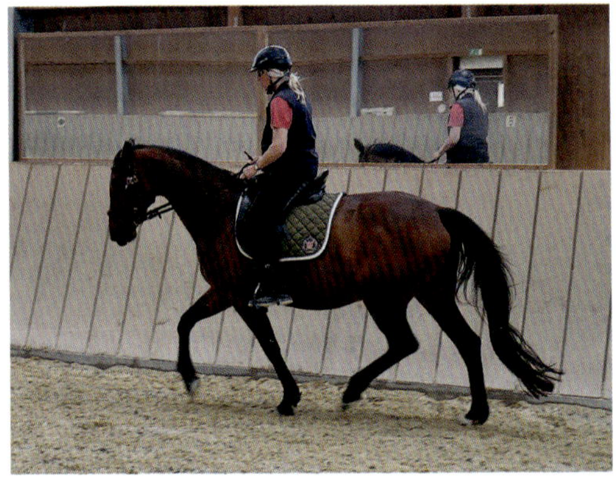

Zulegen im Leichttraben: Gute Energieentwicklung nach vorne-oben und aktives Vortreten des Hinterbeines.

Zu beachten:
Übergänge Leichttraben-Galopp-Leichttraben: Das Pferd über Stimmhilfen angaloppieren und eventuell auch im Galopp in den leichten Sitz gehen.
Übergänge Leichttraben-Schritt-Leichttraben: Das Pferd im Leichttraben versammeln und ihm den Trab, z.B. in engen Wendungen, so ›anstrengend‹ machen, dass es gerne Schritt gehen möchte. Erst sitzen bleiben, wenn das Pferd im Schritt ist und dann das Becken senkrecht stellen und mit Energie vorwärtsreiten. Nach dem gleichen Prinzip funktionieren die Paraden aus dem Leichttraben zum Halten.

Übergänge in den Seitengängen

Hier geht es um Trab-Schritt- sowie Trab-Halten-Übergänge im Schenkelweichen, Schulterherein und Travers – mit ansteigendem Schwierigkeitsgrad in dieser Reihenfolge.

Die Bedeutung der Seitengänge für die Ausbildung des Pferdes

- Sensibilisierung auf die Hilfen des Reiters.
- Gezielte Dehnung der hohlen Seite.
- Gezielte Stärkung des schwächeren Hinterbeines.
- Verbesserung der Balance und der Haltung.
- Unabhängige Steuerung von Schulter und Hinterhand.
- Trennen von Blickrichtung und Bewegungsrichtung ->Instrumente für die Korrektur, die Richtungs- und Tempokontrolle.

Schenkelweichen als Koordinationsübung

Das Schenkelweichen hat weniger gymnastizierenden als vielmehr koordinatorischen Wert. Das Pferd ist in der Längsachse nicht gebogen. Eine leichte Stellung im Genick (gegen die Bewegungsrichtung) ist erwünscht, muss jedoch nicht zwingend sein. Mit dem Annehmen des äußeren

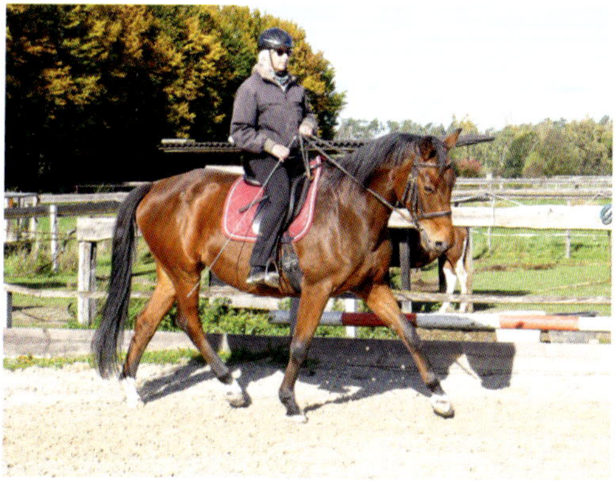

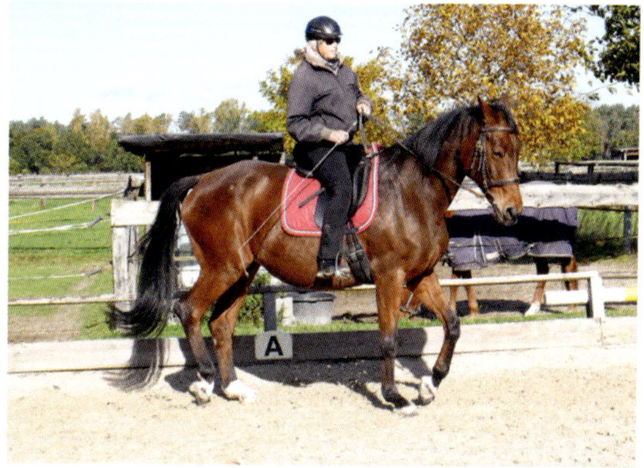

Übergänge in den Seitengängen: Trab-Schritt-Trab und Trab-Halten-Trab. Das funktioniert auch einhändig nur über Energiesteuerung durch ein klares Bild der erwünschten Aktion. Insbesondere bei hochsensiblen Pferden wie Lana, die sich schnell gegen ›zu viel‹ Einwirkung wehren, ist diese Arbeit zu empfehlen.

Zügels wird die äußere Schulter kontrolliert und am Ausweichen gehindert. Die Wirkung des äußeren Zügels wird etabliert.

Schenkelweichen ist die Vorübung für die Seitengänge mit Stellung und Biegung: Schulterherein und Travers bzw. Traversale. Es ist für das Pferd weniger anstrengend und für den Reiter koordinatorisch weniger anspruchsvoll.

Die 2 Phasen des Schulterherein

Schulterherein ist die Kontrollübung schlechthin: Damit kann man das innere Hinterbein gezielt zum Aufnehmen der Last animieren, die äußere Seite des Pferdes dehnen und die Wirkung des äußeren Zügels auf das innere Hinterbein erfahren.

Stellungswechsel in Schultervor (als Vorstufe zum Schulterherein) und Schulterherein sind gut geeignet, um ein Ausweichen des Pferdes über die Schulter zu verhindern bzw. zu korrigieren.

Teilen Sie das Schulterherein in Ihrer Vorstellung in zwei Phasen

Phase 1: Abwenden (die Pferdeschulter nach innen hereinführen)

Der Reiter tut so, als wolle er abwenden: innerer Gesäßknochen und innere Hüfte vor, Blickrichtung in Bewegungsrichtung (Kopfdrehung nach innen), Stellung des Pferdes nach innen (der seitwärts-wirkende innere Zügel muss leicht verkürzt werden), der äußere Zügel gibt so viel nach, dass das Pferd den Hals etwas nach innen stellen kann, hält jedoch kontrollierende Verbindung. Diese Phase dauert so lange, bis das Pferd die Schulter in einem Winkel von 30–45 Grad vom vormaligen Hufschlag nach innen hereingenommen hat. In der Praxis geht das sehr schnell und der Reiter muss aufpassen, dass er die Phase des Umschaltens in Phase 2 nicht verpasst.

Phase 2: Umschalten zum ›Geradeausreiten mit gebogenem Pferd‹

Eine Übersicht der Seitengänge mit Biegung

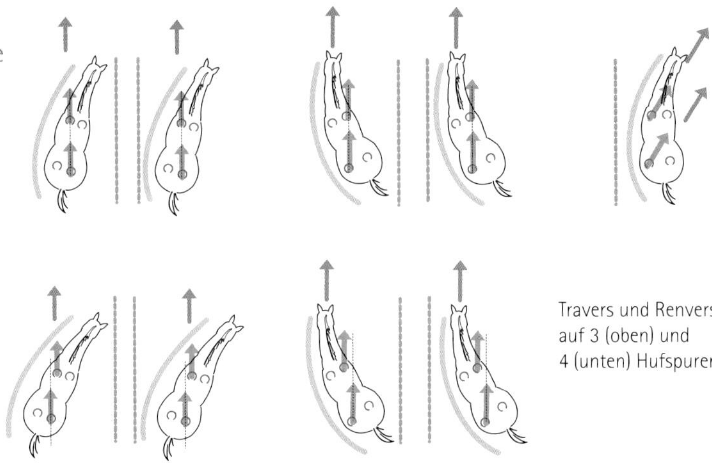

Traversale

Schulterherein / Konterschulterherein auf 3 (oben) und 4 (unten) Hufspuren

Travers und Renvers auf 3 (oben) und 4 (unten) Hufspuren

Das Pferd ist jetzt in der für das Schulterherein richtigen Abstellung vom Hufschlag; es soll jedoch nun nicht weiter nach innen kommen, sondern ›gebogen geradeaus gehen‹, also mit den Hinterbeinen auf dem Hufschlag bleiben und mit den Vorderbeinen nach innen versetzt gehen. Dieses Umschalten ist ein kritischer Moment, denn es muss schnell, kontrolliert und trotzdem ruhig geschehen. Beim Umschalten ändert der Reiter seine Ausrichtung (Kopfdrehung) und die Positionierung der Gesäßknochen: äußerer nach vorn, innerer nach hinten; er schaut nun leicht nach außen in Bewegungsrichtung, erhält jedoch die Innenstellung und die Position der Schulter des Pferdes auf der zweiten Spur mit kurzen seitwärts wirkenden Impulsen des stellenden inneren Zügels. Der äußere Zügel ist dafür zuständig, Stellung, Biegung und Abstellung vom Hufschlag zu kontrollieren.

Der innere Schenkel treibt in der Umschaltphase mit kurzen Impulsen seitwärts. Er wirkt auf das innere Hinterbein und biegt das Pferd. Der äußere Schenkel verhindert das Ausfallen der Hinterhand nach außen und erhält die Biegung. Er liegt dazu etwas weiter hinten.

Mit Verfeinerung der Hilfengebung werden die Schenkelhilfen und auch der Einsatz des stellenden inneren Zügels immer unwesentlicher. Die Steuerung erfolgt über die Vorstellungskraft und das Vorschieben der Hüfte in Bewegungsrichtung. Das Pferd richtet sich unter Beckenstellung und Blickrichtung des Reiters aus.

Die Grenzen zwischen Schulterherein und Schenkelweichen sind fließend. In manchen Korrektursituationen bei der Bearbeitung der Schiefe muss z.B. das Pferd rechte Hand eher gerade gehalten und linke Hand mehr gebogen werden …

Die Seitengänge mit Stellung und Biegung in Bewegungsrichtung: Travers, Renvers, Traversale und als Sonderform die Hinterhandwendung.

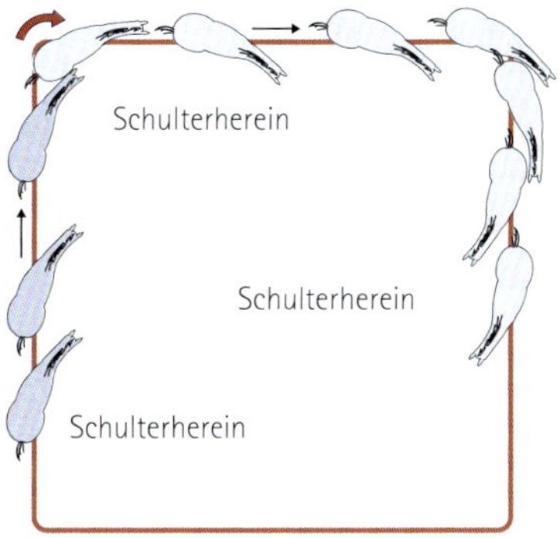

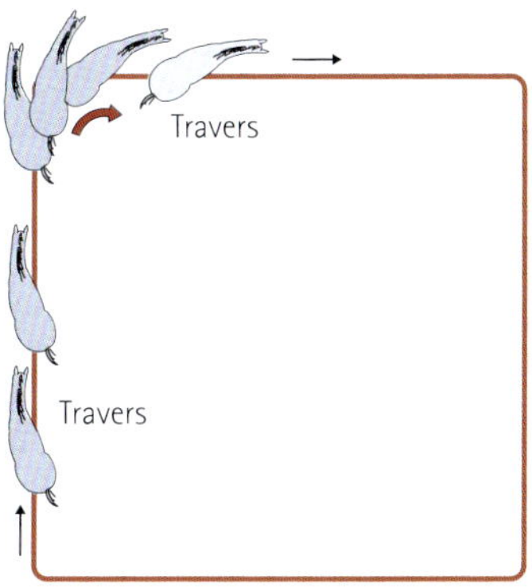

Zwei Varianten der vielseitigen Quadrat-Übung mit Viertelpirouette in den Ecken.

Travers und Renvers sind gleiche Bewegungen und unterscheiden sich nur durch die Lage der begrenzenden Bande (siehe Übersicht). Die Traversale unterscheidet sich vom Travers durch die Bewegungsrichtung. Bewegen sich beim Travers Vor- und Hinterhand auf verschiedenen Spuren auf der Geraden bzw. auf der Zirkellinie, so ist die Traversale eine Diagonale im Raum. Den meisten Pferden fällt die Traversale schwerer als das Travers. Das liegt daran, dass in der Diagonalen die Vorhand führen und das äußere Beinpaar noch weiter seitwärts in die Bewegung hineintreten muss. D.h. die Dehnung der äußeren Seite verstärkt sich und die Schulterfreiheit muss noch etwas stärker sein.

Der einzige Unterschied zwischen den Seitengängen mit Stellung und Biegung in Bewegungsrichtung und den Hinterhandwendungen ist tatsächlich die Fortbewegung des Pferdes im Raum, die der Reiter über seine Kopfdrehung (seine Ausrichtung) steuert. Eine Hinterhandwendung ist ein Travers im Kreis. In der Übung ›Quadrat‹ kann sie im Trab in Form von Viertelpirouetten in den Ecken geritten werden.

Sitz und Ausrichtung des Reiters in den Traversbewegungen

Inneren Sitzknochen in Bewegungsrichtung vorschieben, Blickrichtung in Bewegungsrichtung, Oberkörper gerade und mittig über dem Pferd, Kontrolle der Vorwärtsbewegung und Biegung sowie des Abstellungsgrades am äußeren Zügel, leichte Stellung am inneren Zügel, innere Hand vorne und oben lassen – fertig! So einfach ist das – wenn man gelernt hat, seine eigene Position auf dem Pferd ständig ›abzufragen‹ und zu korrigieren, bevor man am Pferd herumkorrigiert.

Die Seitengänge können auf 3 und 4 Hufspuren ausgeführt werden.

Auf 3 Hufspuren bewegen sich inneres Hinterbein und äußeres Vorderbein auf einer gemeinsamen Spur, inneres Vorderbein und äußeres Hinterbein auf einer jeweils eigenen.

Auf 4 Hufspuren bewegen sich alle 4 Beine auf einer jeweils eigenen Linie.

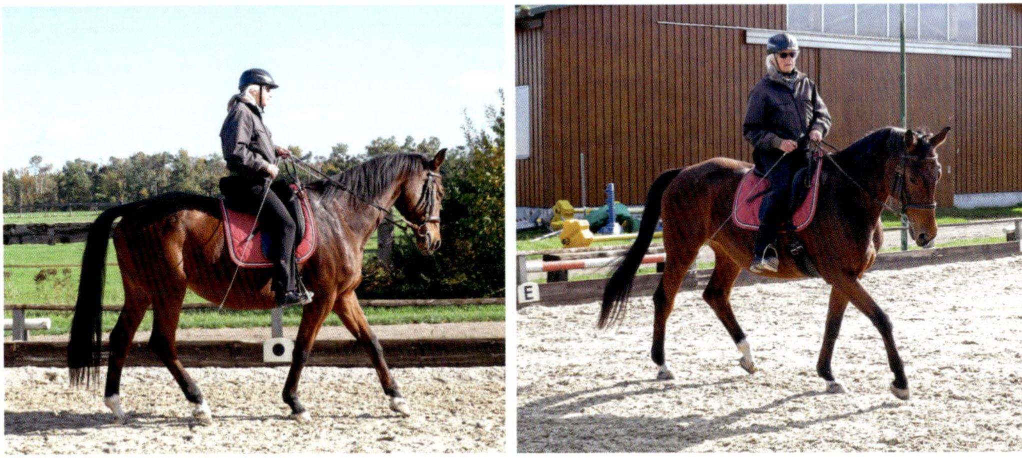

Wechsel von Schulterherein und Konterschulterherein auf dem Zirkel – einhändig, nur mit Wechsel cder Beckenausrichtung und der Blickrichtung.

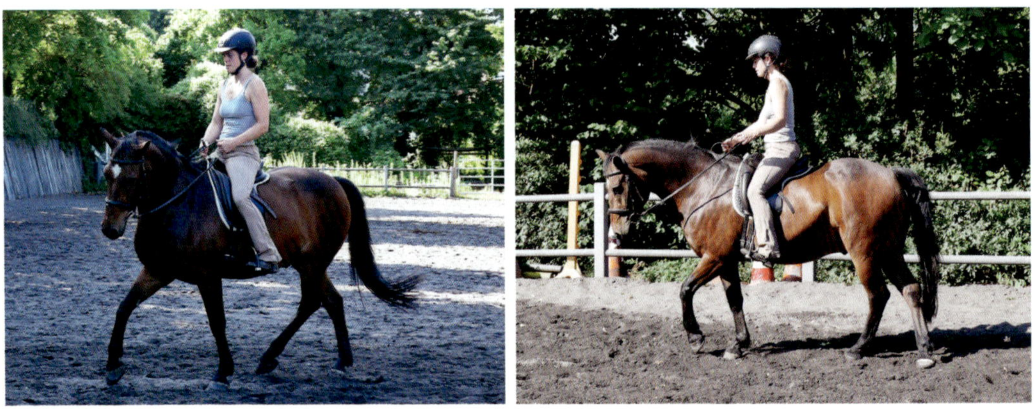

Übergänge Trab-Schritt im Schulterherein auf dem Zirkel. Das linke Bild zeigt eine sehr schöne Haltung von Pferd und Reiterin. Auf dem rechten Bild sind mehrere Fehler zu sehen: 1. zu viel Druck im inneren Bügel, was die Positionierung des Beckens in der 1. Phase des Schulterhereins (Abwenden nach innen) schwer macht. 2. ein nach hinten wirkender innerer Zügel. 3. zu wenig Kontrolle am äußeren Zügel. 4. fehlende Fokussierung (die Reiterin schaut nicht in die gewünschte Bewegungsrichtung).

Die Bezeichnungen Konterstellung bzw. Renvers sind jeweils in Bezug zur Bande und zur Bewegungsrichtung zu sehen.

Seitengänge können auf der Geraden und auf gebogenen Linien (Zirkeln und Volten) ausgeführt werden. Wenn das Pferd alle beherrscht, kann man beliebig zwischen ihnen hin und her wechseln. Beim Geraderichten und bei der Tempokontrolle hilft besonders das Schulterherein. Pylonen als Markierungen können die Orientierung erleichtern.

Das Quadrat kann die verschiedenen Seitengänge mit Viertelpirouetten in den Ecken kombinieren.

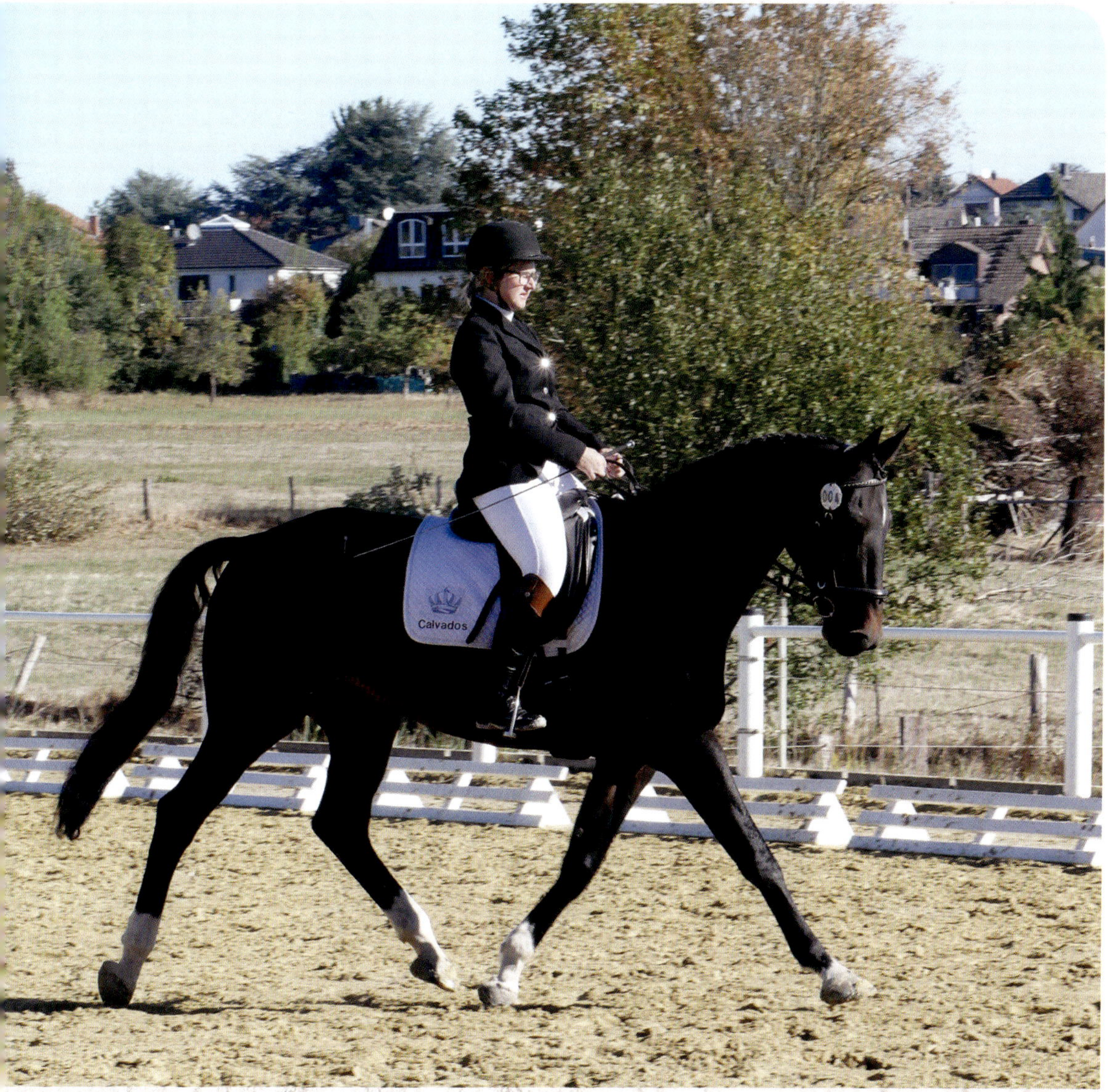

Arbeitserleichterungen und Fehlerbehebung

Struktur geben

Viele Übungen gelingen leichter, wenn man optische Hilfen zur Fokussierung einsetzt.

Nicht nur für das Pferd ist die Nutzung von Pylonen, Stangen und Gassen eine Erleichterung, sondern auch der Reiter profitiert von Strukturen, auf die er sich fokussieren kann. Er arbeitet weniger mit dem Zügel und mehr mit seiner Körperausrichtung hin zum nächsten Hindernis.

Geschicklichkeitsparcours sind eine willkommene Abwechslung bei der Ausbildung von Pferden. Die meisten Pferde arbeiten besser mit, wenn sie den Sinn der Übungen begreifen. Es erleichtert die Arbeit sehr, wenn man sich einen Parcours aufbaut und ihn ›abarbeitet‹. Dieser kann alle möglichen Hindernisse‹ enthalten: Trail mit Rückwärts-, Seitwärts-, Vorwärts-Elementen, kleine Sprünge, Trabstangen, Volten und Schlangenlinien um Pylonen).

Wichtig ist, dem Pferd (und dem Reiter) optische Anreize für die Bewegungsrichtung und die Übergänge zu bieten. Das erleichtert die Hilfengebung und auch die Orientierung im Raum ungemein.

Und manche Dinge erledigen sich dann von allein: z.B. das Anheben der Beine und Winkeln der Gelenke beim Treten über Stangen. Oder ein Richtungswechsel beim Reiten einer Schlangenlinie um Pylonen oder beim Abwenden durch eine L-Form. Auch die Bahnfiguren sind prinzipiell ein solches Orientierungssystem.

Die Stimme des Reiters

Die Steuerung des Pferdes erfolgt aus der Mitte. Verbale Kommandos können jedoch für mehr Klarheit bei Mensch und Pferd sorgen. Verbale Äußerungen machen das Bild im Kopf deutlicher (weil mit Lippen-Bewegung verbunden).

Die Stimme des Reiters in Verbindung mit einem klaren Bild von dem, was man erreichen möchte, ist eine Hilfe, auf die der Reiter im Training nicht verzichten sollte, auch wenn verbale Kommandos im Turniersport verpönt und teilweise sogar verboten sind.

Bewegen Sie die Lippen, statt nur an ein Kommando zu denken, bringt allein diese kleine Bewegung mehr Klarheit in Ihren Kopf und verbessert die Deutlichkeit der Hilfen.

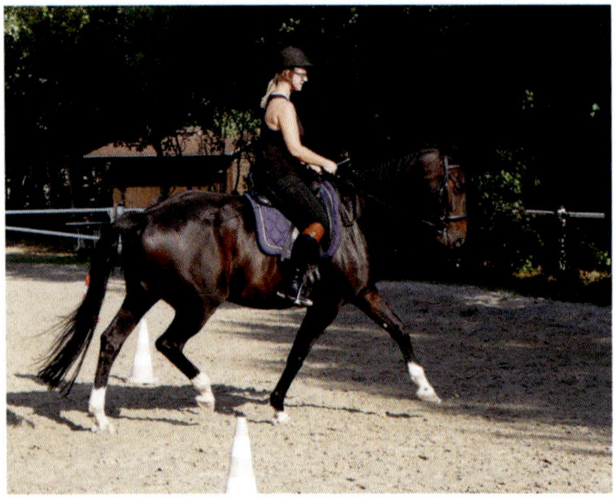

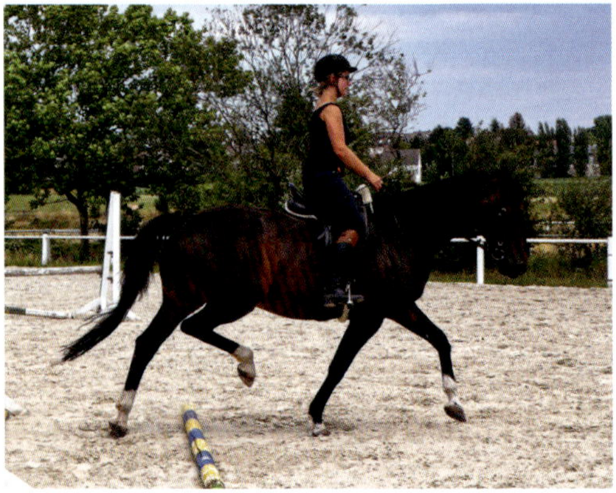

Sagen Sie die Gangarten an, wie beim Longieren. Das hilft dem Pferd, die Hilfen zu unterscheiden, z.B. wenn nicht so ganz klar ist, ob Sie aus dem Halten im Schritt anreiten oder antraben wollen. Mit Stimmkommandos können Sie ›Anhaltereflexe‹ programmieren, was den ›Sicherheitsfaktor‹ erhöht.

Nicht nur das Anhalten, sondern auch Übergänge können überwiegend mit der Stimme in Verbindung mit guter Energiesteuerung geritten werden, so dass Sie in vielen Fällen auf Handeinwirkung verzichten können.

Die Stimme transportiert Emotionen und verrät dem Pferd, ob Sie es ernst meinen. Ein Treiben bzw. Aufmuntern mit der Stimme funktioniert deswegen auch oft ganz gut.

Wenn die Stimmlage jedoch nicht zu Ihrem Kommando passt, wird das Pferd nicht wunschgemäß reagieren.

Gutes Timing ist die halbe Lektion

»Zwischen zu früh und zu spät liegt immer nur ein Augenblick« sagte der Dichter Franz Werfel. Bei der Ausbildung des Pferdes kommt es oft darauf an, den richtigen Moment für eine Hilfe oder auch für eine Korrektur zu finden. Es hat wenig Sinn ›Forderungen‹ ans Pferd zu stellen, wenn es seine Aufmerksamkeit nicht beim Reiter hat, wenn es gerade ›auf dem falschen Fuß‹ steht oder gegen den Zügel kämpft. Und vor allem sollte man keinen Druck machen, wenn das Pferd gerade kurz vor dem Explodieren steht.

Wenn Sie etwas vom Pferd verlangen, müssen Sie die Voraussetzungen dafür schaffen, dass es die Hilfen befolgen kann: einen arbeitsfähigen

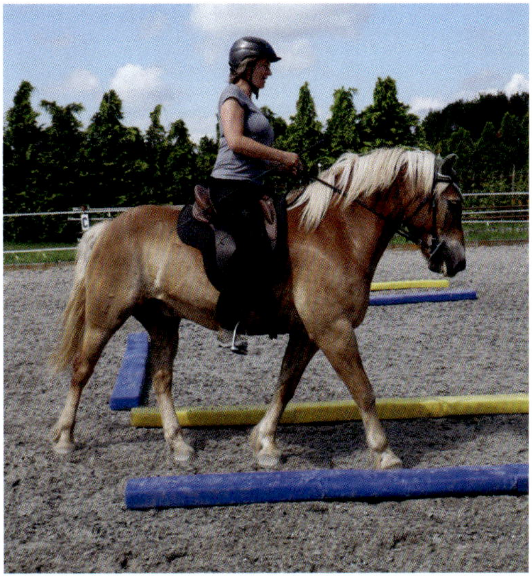

Grundzustand mit losgelassener Bewegungsmuskulatur und Aufmerksamkeit.

Reaktionszeiten

Für manche Übungen braucht das Pferd einen kurzen Moment, bis es sich ›sortiert‹ hat.

Je feiner und aufmerksamer das Pferd auf die Hilfen reagiert, und je besser es ausbalanciert und versammelt ist, umso weniger Reaktionszeit braucht es jedoch.

Mach mal Pause

Es ist nicht nur wichtig, zu wissen, was genau man tut, sondern auch, wann man sinnvollerweise damit aufhört.

Der Reiter als Verantwortlicher und ›Steuermann‹ des Systems muss ...

- 1. wissen, was er wirklich tut (und nicht, was er meint, zu tun – da gibt es gravierende Unterschiede).

- 2. wissen, wann er aufhören sollte – sowohl mit einer einzelnen Hilfe, als auch mit einer Trainingseinheit oder mit einer Korrektur.

So manchem Reiter fehlt das Maß, wenn er sich an etwas ›festgebissen‹ hat – an einer Lektion, die nicht klappen will, oder an einer Korrektur. Und da wird etwas wieder und wieder geübt, mit dem Ergebnis, dass alles eher schlechter als besser wird. Oft wäre da eine Unterbrechung der Arbeit sinnvoll und ein Nachdenken darüber, warum etwas nicht geht.

Hat das Pferd noch genug Kraft, um den zehnten Galoppwechsel auszuführen? Hat der Reiter vergessen, nachzugeben? Hält er sich und das Pferd unter dauernder Hochspannung?

Macht sich das Pferd immer enger im Hals und fester im Rücken? Wird es hektisch und trippelt nervös oder beginnt es davonzurennen? Blockiert es eine Lektion oder will es nicht mehr vorwärtsgehen?

In allen diesen Fällen ist es sinnvoll, erst einmal eine Schrittpause am langen Zügel oder auch im Halten (wenn das Pferd vor Aufregung keinen ruhigen Schritt mehr gehen kann) einzulegen, um die Gemüter zu beruhigen.

Doch auch, wenn das Pferd eine Sache wirklich gut gemacht hat, sollte man eine lange Pause machen und es ausgiebig loben oder die aktuelle Trainingseinheit ganz beenden (auch nach vielleicht nur 20 Minuten). Dann lernt das Pferd: Wenn ich mich anstrenge, darf ich aufhören.

Enge Wendung mit Blickrichtung in Bewegungsrichtung, ohne dass sich die Reiterin aus der Mitte heraus verdreht oder den inneren Zügel nach hinten zieht.

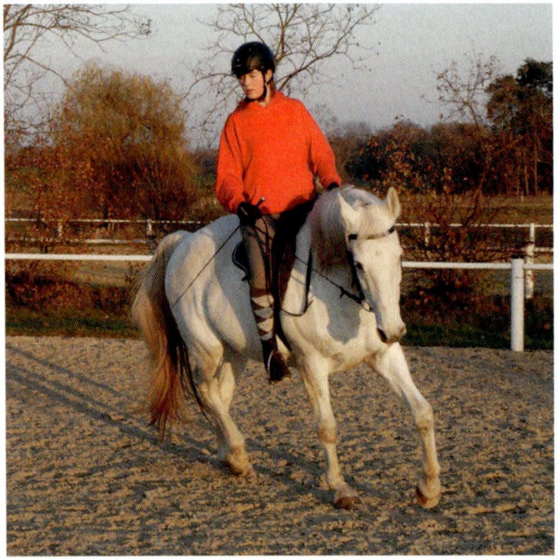

Stimmungsprüfung vor dem Reiten

Schon vor dem Reiten kann der Mensch prüfen, wie das Pferd gerade ›drauf‹ ist. Lässt es sich überall anfassen (z. B. beim Putzen)? Wie beweglich fühlen sich die Beine an, wenn man die Hufe auskratzt? Zappelt das Pferd nervös herum oder steht es ruhig? Wendet es sich dem Menschen zu oder ist es im Außen gefangen? Handarbeit und freie Arbeit im Trab bieten sich als Alternative an, wenn Reiten nicht angesagt ist.

Orientierung im Raum

Fokus, Energierichtung und Aufmerksamkeit

Die Blickrichtung steuert das Pferd. Schaut der Reiter nicht hin, wohin er reitet, so gibt er dem Pferd keine Richtung vor und nimmt Energie aus dem System heraus (was besonders bei etwas triebigen Pferden kontraproduktiv ist).

Eine gerade Linie reitet man am besten, indem man sich einen Punkt sucht, die Augen darauf heftet und darauf achtet, mittig im Sattel zu sitzen, beide Gesäßknochen gleichmäßig zu belasten und beide Hände gleichweit vom Widerrist entfernt zu halten. Schwankt das Pferd z.B. auf der Mittellinie, so hat es wenig Sinn, mit Hand und Bein gegenzusteuern, denn damit wird man das Schwanken verstärken, da das Nachregeln zu langsam geschieht. Erfolg verspricht eher bewusstes Zentrieren in die eigene Mitte, still sitzen und ›stures‹ Fokussieren auf den gewählten Punkt geradeaus. Eine weitere Stellung der Hände, wie sie oft bei jungen Pferden praktiziert wird) kann helfen, das Pferd besser zwischen den beiden Zügeln gerade zu halten.

Eine gebogene Linie ist meist einfacher zu reiten als geradeaus. Auf einem Zirkel fokussiert der Reiter dabei immer einen Punkt, etwa eine Viertelrunde voraus, und achtet auch wieder darauf, mittig im Sattel zu bleiben. (Die innere Hüfte wird leicht vorgeschoben, der äußere Zügel kontrolliert die Schulter.)
Oft kann man Reiter (meist Dressurreiter) sehen, die sich praktisch mit den Augen am Widerrist ihres Pferdes ›festsaugen‹. Sie sind so darauf fokussiert, das Pferd zu einer bestimmten Lektion oder Haltung zu veranlassen, dass sie völlig vergessen, sich um die Bewegungsrichtung zu kümmern. Bei allen Bahnfiguren und insbesondere bei Seitengängen z.B. ist es jedoch essenziell wichtig, zu wissen, wo und in welcher Abstellung in Bezug zur Bande man sich befindet. Andernfalls trifft man weder die Bahnpunkte, noch kann man beurteilen, ob z.B. das Schulterherein richtig ausgeführt ist.

Aufmerksamkeit einfordern: Lassen Sie sich nicht ignorieren!

Manche Pferde geben Ihnen das Gefühl, dass alles andere wichtiger ist, als das, was Sie von ihm wollen. In diesen Fällen sorgen Sie dafür, dass das Pferd seine Aufmerksamkeit bei Ihnen lässt. (Machen Sie sich ›wichtig‹, bündeln Sie Ihre Energie, setzen Sie ›Störer‹ ein.) Haben Sie die Aufmerksamkeit, dann können Sie das Pferd auch steuern. Haben Sie sie nicht, dann sind Sie Luft für das Pferd und es kümmert sich um seine eigenen Angelegenheiten.
Andere Pferde ›verstecken‹ sich hinter hysterischem Gezappel und haben damit oft Erfolg: »Das arme Pferd hat Angst«, heißt es dann und man bricht die Übung ab. Das Pferd lernt dadurch: »Wenn ich herumzappele, lässt man mich in Ruhe; damit kann ich mich unangenehmen Aufgaben entziehen«. Lassen Sie das Pferd also ruhig mal herumzappeln. Sorgen Sie nur dafür, dass Sie am Ende wieder ein ruhiges Pferd haben.

Fehlerquelle Gleichgewichtsverlust

Viele reiterliche Probleme entstehen durch Gleichgewichtsverlust bzw. der Angst davor. Und zwar bei beiden Beteiligten. Die Gleichgewichtsprobleme des Pferdes unter dem Reitergewicht werden oft unterschätzt. Pferde, die nicht vorwärtsgehen oder solche, die davonrennen, haben häufig nur Angst, die Balance zu verlieren.
Wenn dann der Reiter das Pferd zusätzlich durch einen unausbalancierten Sitz stört oder versucht, es mit dem Zügel festzuhalten, kann er das Pferd ganz schön in Schwierigkeiten bringen – und sich selbst dazu, denn das unausbalancierte Pferd

kann man schwer lenken und kontrollieren.
Die beste Art, Gleichgewichtsprobleme und die dadurch bedingte schlechte Kontrollierbarkeit zu vermeiden, ist vorbereitende gymnastizierende Arbeit im Schritt sowie die Etablierung von ›Anhaltereflexen‹, damit der Reiter nicht ins Ziehen kommt, wenn das Pferd zu schnell wird. Solange das Pferd noch nicht unter dem Reitergewicht im Gleichgewicht ist, sollte im Trab kein zu hohes Tempo geritten werden (und der Galopp unter dem Reiter noch nicht gefordert werden).

Konzeptionelle, reittechnische und Kommunikations-Fehler greifen Hand in Hand und sind alle durch eine Veränderung des Bildes korrigierbar, das sich der Reiter von sich selbst und dem Pferd als ›Gesamtsystem‹ macht.

Was tun, wenn etwas nicht klappt?

Korrekturregeln

- Kontrollieren Sie nicht übermäßig, sonst macht das Pferd keinen Schritt mehr freiwillig!
- Lassen Sie sich nicht vom Pferd ärgern. Bleiben Sie **emotionslos**.
- Lassen Sie sich nicht aus der Ruhe bringen; hektische Betriebsamkeit schadet nur.
- Beharren Sie stur auf Ihrer Position bzw. Forderung – allerdings ohne Gewalteinwirkung.
- Nutzen Sie jede Möglichkeit, Druck zu reduzieren und zu loben (und damit negative Spannung aus dem System zu nehmen).
- Geben Sie dem Pferd sowohl Bewegungsspielraum als auch einen (flexiblen) Rahmen.
- Bleiben Sie selbst stabil und halten Sie die Körperspannung, ohne übermäßig viel Druck ans Pferd weiterzugeben (insbesondere nicht mit der Hand).
- Behalten Sie die Orientierung und den Überblick. Sie sind der Steuermann!
- Korrigieren Sie nicht mit ›wildem Aktionismus‹ herum, wenn eine Übung nicht geklappt hat, sondern stellen Sie erst einmal wieder eine ruhige Stimmung und eine stabile ›Arbeitsgrundlage‹ her, aus der die Übung neu aufgebaut wird.
- Jede Übung sollte abgebrochen werden, wenn der Reiter die Orientierung und/oder das eigene Gleichgewicht und damit die körperliche und psychische Stabilität verliert.
- Provozieren Sie keine unnötigen Auseinandersetzungen mit dem Pferd; steigern Sie die Anforderungen langsam genug!
- Verlieren Sie nicht das Gesicht. Für kritische Situationen sollten Sie Ablenkungsmanöver parat haben: Das Pferd darf nicht merken, dass Ihnen die Kontrolle entgleiten könnte.

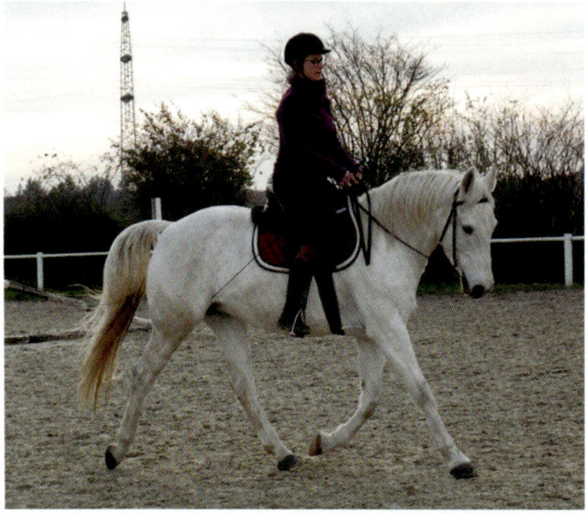

Körperspannung halten, ohne Druck ans Pferd weiterzugeben.

(Wenn z.B. das Pferd davonstürmt, versuchen Sie es auf einen kleinen Zirkel zu bringen und verkleinern immer weiter).

- Achten Sie sensibel auf die ›Antworten‹ des Pferdes. Es zeigt Ihnen, wann es kurz vor explosiven und unkontrollierbaren Ausbrüchen steht.
- Erfolgreiche Korrektur lebt von präziser Wahrnehmung und schnellen Reaktionen des Reiters.

Probleme mit der Tempokontrolle – Zu viel und zu wenig Vorwärts

Das ›richtige‹ Vorwärts bezieht sich auf die aktive Tätigkeit der Hinterbeine und die unbedingte Bereitschaft des Pferdes, **auf minimale Hilfen Energie zur Verfügung zu stellen.**

Die folgenden beiden falschen Interpretationen der Anweisung »Reite vorwärts« sind leider keine Seltenheit:

1. Das Pferd wird vorwärts ›gejagt‹. Takt und Gleichgewicht gehen verloren; das Pferd lässt sich im Tempo nicht regulieren und liegt bei Paraden auf der Hand, weil es auf die Schulter fällt und sich nicht über vermehrte Hankenbeugung ausbalanciert.

2. Der Reiter ›arbeitet sich tot‹, versucht das Pferd mit Kraft ›anzuschieben‹ und stumpft es dabei durch ständiges ›Hilfengeschwätz‹ ab. So wird das Reiten zum Kraftakt und die Bewegungen wirken zäh und hölzern.

Wenn das Pferd nicht genug Vorwärts anbietet, kann es nicht ›in Haltung‹ gebracht werden. Sobald der Reiter einen Zügel etwas annimmt, wird es langsamer werden.

Für eine korrekte Haltung braucht man jedoch ein deutliches Mehr an Energie als für eine reine Vorwärtsbewegung. Man muss das Pferd dazu bekommen, dass es immer ein wenig ›mehr Vorwärts‹ anbietet als wir brauchen (= es vor die Hilfen bekommen). Nur dann können wir mit halben Paraden Haltung herstellen. Das funktioniert nach dem **Energie-Umleitungs-Prinzip**: die Hinterbeine zum Vortreten animieren; dann durch halbe Paraden den Schub nach vorne begrenzen und nach ›oben‹ in Haltung ›umleiten‹.

Hauptursachen für ›zu wenig Vorwärts‹:

1. Das Pferd hat ein körperliches Problem und Schmerzen: Rückenschmerzen, Probleme mit den Hufen (Stellung, Sohlenprobleme etc.), Blockaden ... Bevor man wirklich mit dem Pferd arbeiten kann, muss das Problem medizinisch behoben werden.

2. Der Reiter macht konzeptionelle Fehler: Er fordert keine prompten Reaktionen auf Hilfen ein, lässt die Energie nicht durch oder liefert selbst keine Energie. Hier hilft ein Resensibilisierungsprogramm.

Das zu schnelle Pferd ist nicht unter dem Reiter ausbalanciert. Es produziert zu viel Schub aus der Hinterhand, überlastet deswegen Schulter und Vorhand und wird ›kopflastig‹.

Es sucht eine Stütze in der Hand, läuft der Einwirkung davon oder seinem Gleichgewicht hinterher; oder es flüchtet vor erwartetem bzw. echtem Schmerz.

Pferde, die davonrennen, haben meist kein Vertrauen in die Einwirkung des Reiters und versuchen, ihr Gleichgewicht über höhere Geschwindigkeit zu erhalten. (Im Galopp kommt das noch mehr zum Tragen als im Trab.) Die wenigsten Pferde sind einfach nur ungezogen.

Nervöse und unsichere Pferde versuchen, sich durch Flucht nach vorn den von ihnen als zu hoch empfundenen Anforderungen zu entziehen. Sie rennen der Einwirkung des Reiters davon. Rückenschmerzen sind auch ein häufiger Grund für rennende Pferde. Oberstes Gebot für den Reiter ist dann, die Ruhe und das Vertrauen des Pferdes in die Einwirkung des Reiters wieder herzustellen. Und die Ursache für die Rückenschmerzen abzustellen.

Zur Not durch Schrittarbeit, Arbeit im Leichttraben oder an der Hand bzw. am Boden.

Es hat keinen Sinn, ein Pferd, welches noch nicht gut im Gleichgewicht ist und der Einwirkung des Reiters davonrennt, einfach nur müde zu machen, indem man es rennen lässt. Damit festigt man eine kopflastige Haltung auf der Vorhand, die später schwer zu korrigieren ist.

Unsensibel oder hart im Maul?

Pferde mit festem Genick und zusammengebissenen Zähnen gelten als stur oder hartmäulig. **Prinzipiell gibt es jedoch keine Pferde mit unempfindlichem Maul.** Sie werden von ihren Reitern dazu gemacht: Insbesondere durch ziehende Einwirkung mit dem Zügel bei fehlerhafter verhaltender Einwirkung bzw. durch eine falsche Vorstellung von einer ›ruhig stehenden‹ Hand. Die Hand kann und darf jedoch nicht still stehen; vielmehr müssen Ellbogen und Hand beweglich bleiben und **immer wieder neu Kontakt suchen.** Um die ›ruhige‹ Position der Hände in Relation zum Widerrist zu halten, **verändert sich der Ellbogenwinkel.**

Versucht der Reiter, die Hand aktiv still zu halten, führt das im Allgemeinen zur Blockierung von Handgelenk und Ellbogen und eher zu einem ›Wackelkontakt‹ mit springendem Zügel. Oder zu einer zu festen, ziehenden (= harten) Verbindung zum Pferdemaul. Das Pferd beißt dann die Zähne zusammen und versteift in der Folge das Genick.

Probleme mit dem Kontakt-Halten
Das Pferd unterbricht den Kontakt

Es gibt Pferde, die den Kontakt am Zügel nicht oder nur schlecht zulassen (Einrollen, falscher Knick, Herausdrücken des Unterhalses, auf den Zügel legen). Hier ist schnelles Verlängern und Verkürzen des Zügels gefragt. Für kleinere Korrekturen kann man die Hände auseinanderziehen, um schnell wieder Kontakt zu bekommen, wenn zum Nachgreifen keine Zeit ist.

Will Ihnen das Pferd die Zügel aus der Hand rei-

Hier sieht man drei verschiedene Varianten des ›Ziehens‹. Wenn man so ›bremst‹, bekommt man mit Sicherheit ein hartmäuliges Pferd.

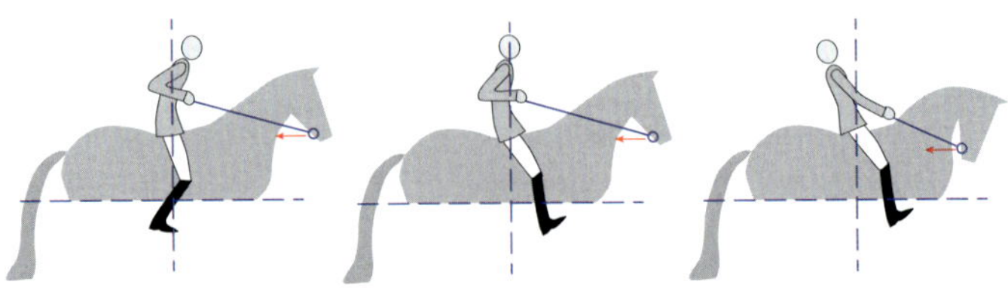

ßen, lassen Sie es ruhig ›ins Leere‹ ziehen – indem Sie einfach die Hand aufmachen (danach Zügel wieder einsammeln und Kontakt aufnehmen). Wenn es keinen Widerstand spürt, wird das Pferd dieses ›Ziehharmonika-Spiel‹ bald aufgeben. Pferde, die die Nase in die Luft strecken (über dem Zügel), werden in wechselnder stärkerer Stellung (auch Konterstellung) geritten, um Kontakt am jeweiligen äußeren Zügel herstellen zu können. Achtung: Der innere, stellende Zügel darf dafür nicht mit Dauerzug eingesetzt werden. Ein flexibler Rahmen ist gefragt für die Haltung des Pferdes, der jedoch keinesfalls starr sein darf. Das **Reiten mit variabler Zügellänge** und eine ständige Änderung der Haltung des Pferdes wirkt der starren Hand und dem Greif- bzw. Festhaltereflex entgegen und hält das Genick des Pferdes weich.

Das Problem mit der ›Handorientierung‹

Etwas Erreichtes (mit den Händen) festhalten zu wollen ist eine verbreitete menschliche Eigenschaft, die beim Reiten oft dazu führt, dass die Zügelanlehnung zu starr wird. Wir freuen uns, wenn wir eine als richtig erfühlte Haltung des Pferdes erreicht haben und haben Angst davor, diese wieder zu verlieren. Also versuchen wir, ›den Augenblick festzuhalten‹. Damit nehmen wir dem Pferd seine Bewegungsfreiheit. Es wird in Kiefer und Genick starr, macht in der Folge den Rücken fest und lässt den Reiter nicht mehr gut sitzen. Die Übertragung der Energie aus der aktiven Hinterhand wird gestört und die Bewegungen werden stumpf und zäh – das Pferd wird ›triebig‹.

Übungen für eine flexible Hand, einen beweglichen Ellbogen, schnelles Wechseln der Zügellänge und weiches Nachgreifen:

Versuchen Sie nicht, ein Pferd, welches Ihnen den Zügel aus der Hand ziehen will, festzuhalten. Einen Ziehkampf können Sie nur verlieren. Geben Sie dem Pferd den Hals frei, auch wenn das erstmal schrecklich aussieht. Entlasten Sie dabei den Rücken.

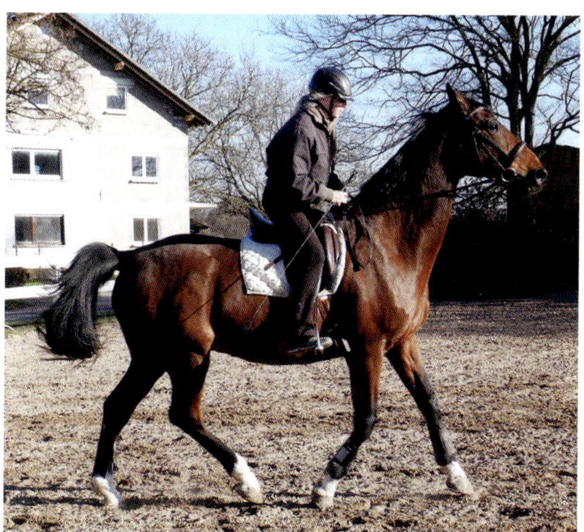

Wenn das Pferd merkt, dass es nicht festgehalten wird, findet es seine Haltung: hier mit schön gedehnter Oberlinie, aktiven Hinterbeinen und positiver Diagonale.

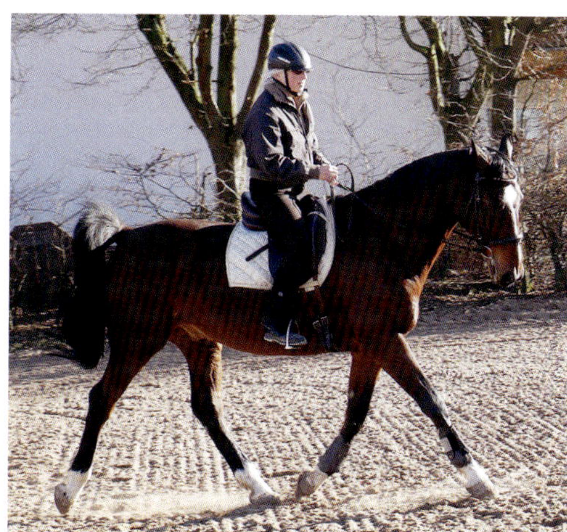

Zügel kämmen: Halten Sie die Zügel in einer Hand, greifen mit der freien Hand davor in die Zügel, ziehen diese bei leichtem Kontakt an den Zügeln entlang nach oben. Mit der anderen loslassen; diese ist jetzt die freie Hand, greift wieder vor und wiederholt das Hochziehen.

Einhändig reiten, um ein Ziehen am inneren Zügel zu vermeiden: Das Reiten mit einer Hand hat viele Vorteile. Ein wesentlicher ist, dass der Reiter gezwungen wird, sich für die Lenkung auf seine Körperausrichtung zu besinnen und fokussiert ›aus der Mitte heraus‹ zu reiten.

Auch das Rückwärts-Ziehen am inneren Zügel ist bei einhändiger Zügelführung nicht möglich. Paraden, Übergänge und Wendungen müssen mit Vorstellungskraft und korrekter Gesäßknochen- und Beckenpositionierung geritten werden.

In den Seitengängen hilft es, das Pferd gerade zu halten und die äußere Schulter zu kontrollieren – vorausgesetzt, die Zügel sind gleich lang.

Zügel kämmen: eine fast meditative Art des Kontakt-Haltens. Auf diese Weise wehrt sich das Pferd in vielen Fällen nicht mehr gegen den Zügelkontakt.

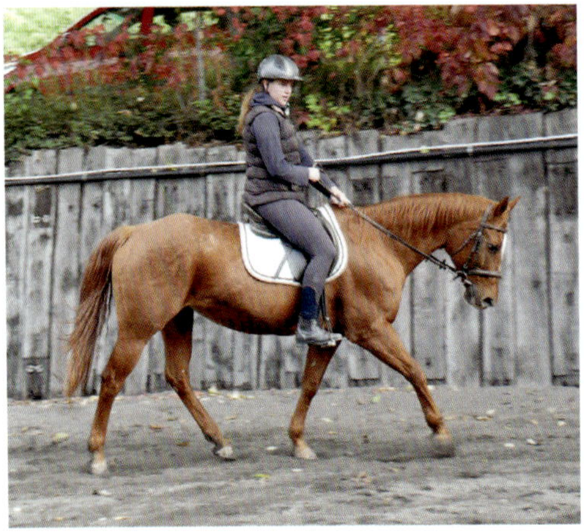

Nicht schummeln! Wenn man Reitern in Wendungen ›die innere Hand wegnimmt‹, passiert oft Folgendes: Der Reiter sortiert sich die Zügel so, dass der innere etwas kürzer ist und der äußere eher zu lang – mit dem Resultat, dass das Pferd über die äußere Schulter drängelt und aus der Wendung herausläuft (das gleiche Reaktionsprinzip wie beim Ziehen am inneren Zügel ...). Begreift es der Reiter, dass das Pferd mit gerader Längsachse und sogar in leichter Außenstellung besser abzuwenden ist (sofern seine Ausrichtung und Beckenstellung stimmt), so kann er sich schließlich vom inneren Zügel lösen.

Anhaltereflexe: Zuverlässiges Anhalten als Sicherheitsfaktor und Arbeitserleichterung

Versuchen Sie nie, ein Pferd durch Handeinwirkung anzuhalten. Erstens haben Sie nicht genug Kraft dafür und zweitens wird das Pferd Ihnen dabei ›auf die Hand brummen‹ und auf der Vorhand stoppen. Signale zum Anhalten werden immer nur impulshaft gegeben, damit das Pferd nicht dagegen ankämpfen kann (Prinzip Stotterbremse).

1. Sie können Ihrem Pferd das Anhalten angenehm machen, indem Sie es jedes Mal loben und eine Weile ausruhen lassen oder auch mal ein Leckerli geben.

2. Pferden, die schlecht anhalten und stehen bleiben, macht man die Gangart, aus der angehalten werden soll, unbequem – z.B. durch enge Wendungen oder Seitengänge (wenn die schon funktionieren). Solange, bis das Pferd froh ist, wenn es anhalten darf. Dann loben und bestätigen wie unter Punkt 1.

3. Arbeiten Sie mit einem verbalen Kommando für Halt. Beginnen Sie immer im Schritt. Weil es dem Pferd leichtfällt aus dem Schritt anzuhalten, können Sie ausschließen, dass es das, was Sie verlangen, körperlich noch nicht kann.
4. Nutzen Sie jede Möglichkeit, den Zügel loszulassen. Oft bleibt ein Pferd in dem Moment stehen, in dem der Zügel losgelassen wird. Gegen den angenommenen oder gar ziehenden Zügel würde es ankämpfen.
5. Gehen Sie immer davon aus, dass das Pferd Ihr Anhalte-Signal befolgen wird. Befürchten Sie, dass es das nicht tut, wird es genau das tun.

Umprogrammieren von negativen Gedankenbildern

Arbeiten Sie mit bildhaften Vorstellungen und Hilfenkürzeln. Damit können Sie schneller (re-)agieren. Sehen Sie zu, dass Sie die richtigen Bilder in den Kopf bekommen und fokussiert an das denken, was Sie erreichen wollen und nicht an das, was Sie befürchten.
Begreifen Sie sich selbst und das Pferd als ein geschlossenes System in Bewegung, in dem jede Aktion immer das ganze System beeinflusst.

Problemlösung und Beziehungsklärung ohne Reitergewicht

Die klassische Arbeit an der Hand ist eine vorbereitende und reitbegleitende Arbeit, die dem Pferd ermöglicht, ohne ›störendes‹ Reitergewicht die richtige Haltung zu finden. Der Mensch beeinflusst vom Boden, was das Pferd tut und vor allem wie es etwas tut. Gehorsam, Reaktionsbereitschaft, die zum Tragen eines Reiters nötige Muskulatur und eine funktional richtige Haltung können schon an der Hand entwickelt werden. Pferde mit Rückenproblemen können an der Hand gymnastiziert und auftrainiert werden. Rückwärtsrichten sowie Biegung und Seitengänge in Schritt und Trab können erarbeitet werden, so dass manche Lektionen später nur noch ›nachgeritten‹ werden müssen, weil das Pferd den Bewegungsablauf schon kennt.
Wie auch Horsemanship klärt die Arbeit an der Hand die Beziehung zwischen Pferd und Mensch hinsichtlich der Schlüsselbegriffe Respekt und Vertrauen. Erst eine vertrauensvolle Mensch-Pferd-Beziehung schafft die Grundlage einer guten und deutlichen Kommunikation. Nur, wenn das Pferd zweifelsfrei versteht, was der Mensch von ihm will, kann es so ausgebildet werden, dass ein sicherer und harmonischer Umgang möglich ist. Und nur ein Pferd, welches gelernt hat, ohne Zögern und Widerstand auf ein Signal des Menschen zu reagieren, kann wirklich gymnastiziert werden.

Trab-Anhalten-Rückwärts-Antraben an der Hand.

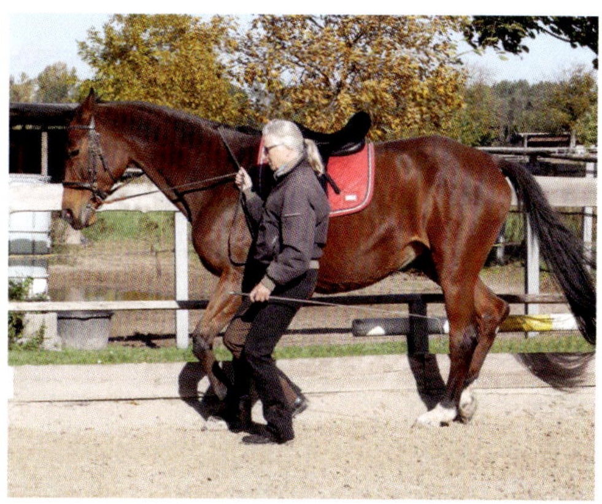

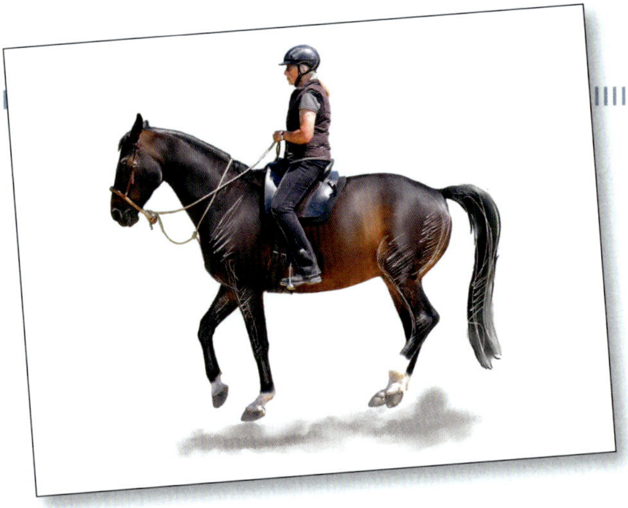

Kerstin Diacont

widmet sich seit 30 Jahren der ganzheitlichen Ausbildung von Pferd und Reiter. Sie nutzt dabei Know-how aus verschiedenen Reitweisen, aus anderen Sportarten, aus der Körper- und Energiearbeit sowie aus dem mentalen Training.
In vielen Büchern und in der dreiteiligen Videoserie ›Einfach reiten lernen‹ stellt sie ihr Konzept für ein harmonisches Miteinander von Mensch und Pferd vor. Grundidee ist dabei die Vorstellung von Mensch und Pferd als ein geschlossenes System in Bewegung, das vom Menschen gesteuert und vom Pferd mit Energie versorgt wird. Gleichgewicht, Losgelassenheit, Bewegungsfreiheit und Stabilität sind dabei die Schlüsselbegriffe für das gesamte System.

Ein zentrales Element ihres Ausbildungskonzeptes ist präzise Körpersprache und der ausbalancierte und stabile Sitz des Reiters, ohne den dieser nicht deutlich mit dem Pferd kommunizieren kann. Zudem braucht der Reiter eine gute Vorstellung von dem, was er erreichen will – und vor allem auch davon, wie das aussehen und sich anfühlen soll. Diese Elemente sind nicht an ein bestimmtes Ausbildungssystem gebunden und funktionieren vom Prinzip her für alle Pferde und Reitweisen. Das Thema ›Leichte Kontrolle‹ mit impulshaften Hilfen liegt ihr besonders am Herzen, weil immer wieder zu sehen ist, dass Reiter zu viel und mit Kraft in Arm und Bein oder einem falschen Konzept von Druckverstärkung arbeiten, statt mit einer funktionellen ›Idee der Bewegung‹.